Jochen Jülicher

Seelensehnsucht

Wie ich auf sie
hören kann und
wohin sie mich führt

echter

Bibliografische Information der Deutschen Nationalbibliothek

Die Deutsche Nationalbibliothek verzeichnet diese Publikation in der Deutschen Nationalbibliografie; detaillierte bibliografische Daten sind im Internet über ‹http://dnb.d-nb.de› abrufbar.

1. Auflage 2020

www.echter.de

Umschlag: Vogelsang Design, Jens Vogelsang, Aachen
(Umschlagbild: gettyone)
Satz: Crossmediabureau
Druck und Bindung: CPI books – Clausen & Bosse, Leck

ISBN 978-3-429-05476-2

Inhalt

Vorweg: Sich um die eigene Seele kümmern

Um es gleich zu sagen: Dies ist kein Buch für Esoteriker, die nach Seelenwesen und Engeln Ausschau halten oder eine Wanderung der Seelen belegen möchten oder was auch immer. Und es ist auch kein religiöses Buch, wobei ich keineswegs ausschließen will, dass esoterisches ebenso wie religiöses Suchen und Empfinden oder gar „Wissen“ nicht auch in eine vergleichbare Richtung gehen können, aber der Ausgangspunkt ist ein ganz anderer. Dies ist ein Buch für Menschen, die hungern nach etwas mehr Stille und Tiefgang in ihrem Alltag, nach mehr Nähe zu sich selbst; die etwas für sich und ihr eigenes Leben, ihre Seele, tun möchten und damit letztlich auch für andere; die lernen wollen, zuzuhören, zu unterscheiden; die wieder ein Gespür dafür bekommen möchten, was ihr Herz wirklich bewegt; die sich nicht befrieden lassen mit Dingen, die nur scheinbar füllen, dies aber nicht nachhaltig tun, weil man alle naselang etwas Neues braucht, das einen wieder von der inneren Leere wegzieht, bevor sie richtig spürbar wird. Dabei ist es gerade sehr wichtig, diese innere Leere zu spüren, sie zu ergründen, um sich klar zu werden darüber, wo es einen wirklich hinzieht, was einen tatsächlich befriedet und erfüllt. Es tut not, sich um die eigene Seele zu kümmern, für sie zu sorgen. So wie man sich auch um den eigenen Körper kümmert, ihm Nahrung gibt, ihn pflegt und versorgt, so braucht auch die Seele etwas Aufmerksamkeit, Fürsorge, Nahrung in Form von Stille, Aufrichtigkeit und Inspiration. Etwas davon wird Ihnen dieses Buch geben, und vor allem wird es den Weg dorthin oder zumindest einen möglichen Weg dorthin beschreiben. Hier finden Sie Erfahrungen und Hinweise, manchmal auch Anleitung – gehen müssen Sie diesen Weg immer noch selber, daran führt nichts vorbei, aber Sie werden merken, dass Sie nicht alleine unterwegs sind und dass es Erkennungszeichen und Wegmarken gibt, an denen Sie sich orientieren können.

Seelensehnsucht: Das bedeutet Sehnsucht *nach* Seele, aber auch die Sehnsucht *der* Seele selbst. Es geht darum, die eigene Seele wieder zu „ent-decken", will sagen aufzudecken unter allen möglichen Dingen, unter denen sie regelrecht verschüttgegangen ist; sie wieder zu erspüren, auf sie zu hören und auf das, was in ihr umgeht. Sie werden sehr schnell feststellen, dass Ihr eigenes tiefstes Inneres auch eine Art Eigenleben führt, das Sie selber nur bedingt beeinflussen können, das oft anders reagiert, als es einem der Kopf oder die eigene Befindlichkeit aufdrängt, und das auf jeden Fall weitaus langsamer und langfristiger reagiert als unser schnelles Bewusstsein. In unserer Seele sind wir gleichsam immer noch steinzeitlich unterwegs, da gibt es noch keine Autos oder Flieger. Da geht es um Bewegungen, oft kleinste Regungen, die wichtig sind und die wir schon kaum mehr wahrnehmen, obwohl sie für die Weichenstellungen in unserem Leben von entscheidender Bedeutung sind oder sein können, wenn wir nicht über sie hinweg agieren.

Es bedarf schon eines gewissen Trainings, um dafür wieder empfindsam und empfänglich zu werden. Das Seelenleben findet auf einer anderen, tieferen Ebene, einer anderen Schicht unseres Alltagslebens statt, nicht losgelöst davon, dennoch anders und anderen Gesetzen gehorchend als an der Oberfläche – so wie das Meer in der Tiefe nicht unabhängig von den Wellen an seiner Oberfläche ist, von der Zufuhr des Sauerstoffs, von Regen, Wind und Sonnenschein, von Umwelteinflüssen, aber dennoch dort unten ganz andere Dinge sichtbar und spürbar werden, Bewegungen, Strömungen ganz anders verlaufen, die ihrerseits wiederum Einfluss auf die Oberfläche nehmen. Und je mehr man sich ein Gespür dafür aneignet, besser gesagt: es wieder „entdeckt", desto mehr wird man merken, was die eigene Seele braucht, wohin sie selber einen zieht, wonach sie verlangt, sich sehnt.

Diese Sehnsucht der Seele gilt es aufzuspüren, sich vorsichtig unterscheidend davon leiten zu lassen und dadurch mehr und mehr man selbst zu sein. Denn das Ziel ist nicht irgendetwas von außerhalb, sondern es ist im eigenen Innern vorhanden, dort, wo wir sind, wer wir sind – weit größer und mehr, als wir es normalerweise ahnen. Und genau da sind wir auch innerlich verbunden mit anderen, die darin und auch dann erst wirklich erkennbar werden. Denn wir können nur das wahrnehmen, was wir selbst erfahren haben und an uns selber – in anderer Proportion oder als

Möglichkeit – wahrgenommen haben und kennen. Dann erst erkennen wir auch andere Menschen, die dies ebenfalls an sich selbst, in ihrer eigenen Seele erfahren haben, die vergleichbare Wege gegangen sind. Dies ist kein von außen aufgesetztes Zeichen, sondern ein inneres Wiedererkennen – man erkennt sich einfach und „weiß" voneinander, man kann sich darüber austauschen, sich gegenseitig inspirieren und weiterbringen.

I. Sehnsucht nach Seele

De noce iremos, de noche
que para encontrar la fuente
solo la sed nos alumbra

Communauté de Taizé

Frei übersetzt: *Im Finstern brechen wir auf, in dunkler Nacht, um den inneren Quell zu suchen, und nur der Seele Durst leuchtet uns voran.*

Ein leises Unbehagen

Kennen Sie das? Das Leben, der Alltag, ist eigentlich gar nicht so schlecht, es geht schon irgendwie – trotzdem, wenn man es sich so kontinuierlich weiter vorstellt, dann sieht man: Es passiert immer wieder so das eine oder andere im Leben, man hat sich ganz gut eingerichtet, lebt in durchaus erträglichem Rahmen. So wird es weitergehen, vielleicht erfährt man beruflich noch einen Aufstieg, womöglich kommen ja noch ein paar Enkelchen oder auch nicht, mit etwas Glück macht man sich noch ein paar „schöne Jahre", und irgendwann ist es dann halt mal zu Ende. Aber unterschwellig fühlt es sich dennoch ein bisschen leer an, so „nicht genug". Ein leises Unbehagen, man hat das Gefühl, nicht wirklich zu leben oder zumindest nicht voll zu leben. Eigentlich müsste doch mehr „drin" sein, irgendwie, es muss ja nicht unbedingt sensationell sein, aber intensiver, näher dran. Nicht dass man noch mehr „rausholen" muss aus diesem Leben – das ist nur die kommerzielle Antwort auf diese stille Sehnsucht, die in einem nagt. Da hüpft man irgendwann von Event zu Event, macht ganz tolle Sachen – doch dahinter kommt es schon wieder, dieses leise Unbehagen, das Gefühl von Leere, es gibt ja keine Batterie für ein gutes Gefühl. Aber man will nicht unzufrieden sein, findet sich damit ab, ist doch ganz schön usw.

Doch es geht nicht darum, mehr „rauszuholen", sondern es geht um aufdecken, zuhören: Das erspüren, was einen im Innern berührt, und nicht so sehr das, was von außen kommt. Wenn man ein wenig mehr hinspürt, diesem leisen Unbehagen nachhorcht, dann merkt man sehr schnell, dass die Bewegung, die auf dieses Gefühl von „nicht genug" eine Antwort gibt, nicht nach außen, sondern nach innen führt: Nicht noch mehr konsumieren, nicht noch mehr tun oder unternehmen, sondern endlich mal die oder eine Quelle finden, etwas, das nicht ständig nachgefüllt werden muss mit immer wieder neuen Dingen, neuen Erlebnissen usw. Ähnliches gilt übrigens für Menschen, die gerne und gut arbeiten: Es hilft nicht, die Menge noch weiter zu erhöhen. Irgendwann ist das ausgereizt, manchmal regelrecht bis zur Erschöpfung. Zu viel Arbeit kann die Seele regelrecht betäuben.

Was aber nährt, was füllt wirklich? Wo gibt es so etwas wie eine Quelle, einen Brunnen? Etwas, das nicht gleich wieder versiegt, das sich „wie von selber" auffüllt? – Gleich mal im Klartext: „Von selber" geht auch das nicht, das wäre eine kindliche Illusion. Man muss schon einiges dafür tun, aber das ist keine „Arbeit" oder äußere Anstrengung, eher etwas, das mit Zuhören und Aufmerksamkeit zu tun hat, mit Sich-berühren-Lassen, mit Hingabe; wobei man etwas mitbekommt oder erfährt, was mehr ist als die Summe der Investitionen auf dem Weg dorthin.

Aber erst einmal ist es wichtig, sich dieses leise Unbehagen, dieses „nicht genug" einzugestehen, zu spüren, dass einem da wirklich etwas fehlt. Man kann es so weiterlaufen lassen, aber man merkt, dass es irgendwann aufbricht; dass man, wenn man ehrlich ist, nicht daran vorbeikommt. Wohlgemerkt, es ist keine „Sünde", dies hinauszuschieben oder nicht so ganz wahrhaben zu wollen, manchmal ist auch einfach nicht die richtige Zeit dafür, weil andere Dinge dran sind. Der Schriftsteller Ödön von Horvath hat diesen berühmten Satz geprägt: „Eigentlich bin ich nämlich ganz anders, ich komme nur so selten dazu." Es sind halt immer wieder andere Dinge „dran" und am Ende lebt man dann doch ein bisschen am eigenen Leben vorbei.

Das ist schade, nicht mehr, nicht weniger: nicht wirklich gelebt – schade drum! Die gute Nachricht ist: Man kann es ändern, jeden Moment. Nicht von heute auf morgen – inneres Leben geschieht nicht auf Knopfdruck oder mit dem Zauberstab, aber mit ein bisschen Stetigkeit kommt man schnell ein paar Schritte weiter. Sie werden sehen, allein die Feststellung des Unbehagens, des Mangels bringt etwas in Bewegung: Mein Leben, so wie es jetzt ist, ist im Prinzip durchaus in Ordnung, doch es erfüllt mich nicht wirklich, es ist mir nicht wirklich genug, es fehlt etwas. Und ich bin nicht länger bereit, mich damit abzufinden, mich zu arrangieren oder ständig wieder davon ablenken zu lassen. Das ist eine wichtige Feststellung, und die muss man erst einmal wirken lassen. Also nicht gleich weiterrennen voller Aktionsbereitschaft mit der brennenden Frage: „Was soll ich jetzt tun?“ – Erst einmal aushalten und gar nichts tun!

Ich gebe zu, das ist schwer. Mangel erkennen und dann auszuhalten, nicht gleich zu füllen oder als Problem anzupacken, das ist ein schwieriger, aber sehr, sehr wichtiger Schritt. Nichts tun können ist nicht leicht auszuhalten, es kann einen regelrecht kribbelig machen. Geht aber! Es gibt übrigens auch Menschen, die das sehr gut können: erst einmal nichts zu tun, sondern sich darauf einzulassen, zu spüren, was ist und was nicht ist. Ich persönlich gehöre nicht dazu. Wenn Sie jedoch ein paar Tage damit herumlaufen, ab und an dieses Gefühl realisieren und merken, dass es sich nicht weiter wegdrängen lässt oder dass Sie es nicht länger wegdrängen wollen, dann wird allein dies schon Ihre Wahrnehmung verändern. Sie werden merken, dass Sie ein bisschen anders aus Ihren Augen schauen, dass Sie mehr und mehr unterscheiden können, dass es Dinge gibt, die Sie ein bisschen mehr oder nachhaltiger erfüllen als andere. Das geht einfach so zwischendurch, dafür müssen Sie nicht drei Stunden am Tag im Schneidersitz meditieren. Es reicht, die Aufmerksamkeit und das Gefühl immer mal wieder darauf zu lenken mit der Entschlossenheit, dass Sie sich nicht länger damit abfinden wollen, dass irgendwie etwas Wesentliches in Ihrem Leben fehlt oder Unruhe verursacht. Gehen Sie diesem Gefühl nach! Auch ruhig mal ein wenig ausprobierend, durchaus spielerisch, was denn mehr in die richtige Richtung geht und was nicht.

Sie werden merken, dass Sie insgesamt aufmerksamer werden, mehr wahrnehmen, auch ohne dass Sie viel dafür tun müssen. Einfach mal kurz innehalten, wenn Sie in der Bahn sitzen oder im Auto oder auf dem Rad, wenn Sie irgendwo warten müssen; vielleicht vor dem Schlafengehen oder morgens beim ersten Kaffee oder Tee, völlig egal, Hauptsache ist, dass die Aufmerksamkeit ab und an dafür da ist; dass Sie spüren, dass da etwas fehlt; dass da in Ihnen ein Verlangen ist nach „Mehr". Sehnsucht, auch Seelensehnsucht, ist nun mal keine Erfüllung, sondern *Mangel* an etwas Wesentlichem, das einen derart anzieht, das einem wirklich so wichtig ist, dass man dem hinterhergeht.

Ehrlich sein

Es gibt eine wesentliche Voraussetzung dafür, die Seelensehnsucht zu entdecken und ihr nachzugehen, und das ist eine schonungslose Ehrlichkeit vor sich selbst: Dass Sie bereit sind, sich selbst nicht (oder nicht länger mehr) etwas vorzumachen, sondern die Dinge, die Sie als wahr erkennen, als solche beim Namen zu nennen. Nicht um sich selbst abzuurteilen, sondern um eine gesunde Plattform zu schaffen ohne Lügen und – vor allem – ohne Halbwahrheiten. Das ist ein ganz wichtiger innerer Schritt: die Entschlossenheit, sich selber nichts mehr vorzumachen und einfach mal grundehrlich zu sein. Sie brauchen dann Ihre Erkenntnisse nicht ins Internet zu stellen, es reicht völlig, wenn Sie sie für sich selbst so klar wie möglich benennen oder für sich in einem Tagebuch oder sonst wie festhalten, denn Sie werden feststellen, dass auch diese Klarheit sich nach und nach weiterentwickelt und dass sie wächst mit jedem Schritt, den Sie setzen.

Das heißt nicht, dass Sie fortan als ein Tugendengel durch die Gegend fliegen, wohl aber, dass Sie *vor sich selbst* geradestehen. Und dass Sie, wenn Sie mal irgendwo schummeln oder was auch immer, es dann auf jeden Fall selber wissen und sich eingestehen. Es geht nicht um Selbstperfektionierung, wohl aber um Klarheit, die einen sich selbst, so wie in dem Zitat von Ödön von Horvath, manchmal auch mit einem Schuss Humor betrachten lässt – was im Umgang mit anderen übrigens recht positiv wirken kann. Manchen hilft es auch, sich mit dem Partner/der Partnerin oder sonst einem nahestehenden Menschen zu besprechen, um sich darüber klar zu werden, was in einem umgeht, und sich ein wenig besser zu sortieren. Aber vergessen Sie nicht, dass nur Sie ganz allein für Ihr eigenes Leben verantwortlich sind. Man mag auf psychologischer Ebene den Eltern oder Erziehern oder den Lebensumständen oder was auch immer eine Mitschuld oder Mitverantwortung geben; klar, das ist immer so, aber wenn die Karten einmal verteilt sind, dann müssen Sie irgendwann mit dem Blatt, das Sie auf die Hand bekommen haben, ihr Spiel machen, will sagen: in Eigenverantwortung Ihr Leben leben. Da hilft gar nichts.

Sie müssen übrigens nicht sonderlich stark sein, um ehrlich vor sich selbst zu sein, wohl aber mutig. Seelensehnsucht ist nichts für Feiglinge. Es ist nicht immer lustig, sich der eigenen Wahrheit zu stellen, aber es ist, das werden Sie sehr schnell spüren, echtes Leben, kein halbes oder dreiviertel, nein, voll und ganz. Das macht stark. Es bleibt, wie schon angedeutet, nicht bei einem einmaligen „sich ehrlich machen", das ist nur der Anfang, sondern es geht um einen permanenten Prozess, eine Art Monitoring, bei dem Sie sich selbst immer mehr zu dem bekennen, was Sie für diesen jeweiligen Moment als wahr erkennen. Wie gesagt nicht, um perfekt zu werden, sondern nur um zu wissen, was wirklich Sache ist und um sich selber nichts mehr vorzumachen. Das hat mit der Zeit natürlich im Umgang und im Gespräch gerade mit vertrauten Menschen seine Auswirkungen. Sie sind einfach klarer, vielleicht auch etwas direkter. Sie werden feststellen: Es tut sich was, Sie kommen tatsächlich in Bewegung, ohne dass Sie etwas „tun" oder „planen", doch es kann regelrecht eine Lawine in Gang setzen.

Nehmen Sie sich ruhig Zeit dafür. Nicht das Unbehagen auffüllen, indem man irgendetwas macht und tut, um es zu verdrängen oder sich abzulenken, sondern sich stellen, einfach mal grundehrlich sein und dies dann weiter in sich wirken lassen. Sie werden spüren, dass Sie sich innerlich aufrichten, mehr Rückgrat bekommen und dass die Angst vor der Wahrheit schwindet. Mit „Wahrheit" meine ich nicht nur die eigene, subjektive Wahrheit und Wahrnehmung, sondern eine offene Wahrheit, die dabei auch auf andere hört, die sich zumindest innerlich der Konfrontation aussetzt mit dem, was andere einem sagen; die aber auch den Mut hat, sich mit dem, was man für sich als wahr erkannt hat, gegenüber anderen Einflüssen abzugrenzen. Mit anderen Worten, sich der Erkenntnis der eigenen Wahrheit zu stellen ist ein Prozess, eine Bewegung; etwas, das Sie fortan Ihr Leben lang begleitet.

Das klingt vielleicht schwierig oder anstrengend, lohnt sich aber und wird mit der Zeit immer leichter und selbstverständlicher. Über meinem Schreibtisch hängt ein Zettel mit einem Zitat des Schauspielers Armin Müller-Stahl – noch so ein Zitat, das ich Ihnen gerne auf den Weg mitgebe. Es ist mir in diesem Zusammenhang zu einer Art Lebensmotto geworden: „Lieber ein Knick in der Biografie als im Rückgrat." Wenn Ihnen das etwas sagt und Sie bereit sind, dem nachzugehen und damit etwas anzufangen, dann kann ich Ihnen nur gratulieren. Sie werden vom ersten Moment an mehr und intensiver leben, auch wenn sich äußerlich erst einmal gar nichts ändert. Folgen Sie der

Spur der Sehnsucht und lassen Sie sich gleichsam von ihr treiben, besser gesagt: anlocken, ziehen, indem Sie ihr nachspüren, nicht selber den Kurs festlegen, sondern immer wieder innehalten. Wohl aber in Bewegung bleiben, nicht die Hände in den Schoß legen, „ganz normal" weiterleben, aber gleichsam mit einer anderen Peilung.

Seelische Armut

Kleiner Exkurs, quasi im Vorbeigehen: Es gibt auch in unseren westlichen Breitengraden immer noch ein materielles Armutsproblem, auch wenn man vielleicht meinen möchte, dass dies weitgehend ausgemerzt ist. Das mag im Vergleich zu anderen Gegenden und Kontinenten womöglich so sein. Aber in unserer materiell so reichen westlichen Welt gibt es auf jeden Fall daneben noch ein ganz anderes Armutsproblem, nämlich das der *seelischen* Armut, der Verarmung der Seele. Es betrifft Menschen aller Schichten, Berufe und Einkommensklassen. Dieses Problem ist entstanden, weil Menschen immer mehr und immer weiter gehetzt und getrieben werden von einem ins nächste, sodass sie gar nicht mehr stillstehen können oder meinen, gleich weiter zu müssen. Sie sind überlastet und überfordert, weil nahezu alles in ihrem Leben irgendwie an ihnen selbst, an ihrer Seele vorbeirauscht. Es herrscht ein eklatanter Mangel an Einkehr, an Kontemplation, an zweckfreiem Dasein. Und wenn es dann mal Luft gibt zwischendrin, dann gibt es gleich jede Menge Medien, die einen ablenken, die einem vorübergehend ein Wohlgefühl bescheren, oder geschäftliche Institutionen, die einem eine scheinbare Zugehörigkeit vermitteln, die aber dann nicht wirklich hält, was sie verspricht. Denn es bringt für Ihr persönliches Leben nun mal vergleichsweise wenig, wenn Sie sich beispielsweise als Mitglied der „family" eines bekannten schwedischen Möbelherstellers fühlen dürfen. Solche Menschen – und das sind erschreckend viele – können kaum mehr etwas wirklich wahrnehmen. Während das Leben um sie herum tobt und braust, fühlen sie sich wie tot, auch wenn sie das nicht immer so registrieren. Tatsächlich sind sie es auch, fast. Vielleicht nicht immer so extrem, aber die Tendenz ist eindeutig erkennbar: Die Verarmung der Seele und des Seelischen hat bei uns ein nahezu epidemisches Ausmaß erreicht.

Es gibt leider auf der anderen Seite kaum mehr Menschen oder Institutionen, die einem darin weiterhelfen, die einem einen gangbaren Weg zeigen, die wirklich glaubwürdig sind, die innere Erfahrungen vorleben und weiterreichen; die einem erzählen, dass man nicht spinnt oder verrückt ist, wenn man das Gefühl hat, dass dieses übervolle Leben ungenügend ist; dass es mehr gibt zwischen Himmel und Erde als das, was wir ach so toll oder weniger toll erleben. Auch geistliche Lehrer sind in ihren Institutionen untergegangen oder man hat ihnen die Flügel gekappt, die Schnäbel versiegelt oder sie sind selbst dem Kommerz erlegen und meditieren im Rolls-Royce. Das ist schade und es ist dramatisch. Denn wenn dieses schwelende geistige Unbehagen, dieses unterschwellige Gefühl von Leere, von Nicht-erfüllt-Sein, nicht als solches erkannt und aufgegriffen wird, dann kann es passieren, dass es sich nach außen kehrt und man andere dafür verantwortlich macht, dass es einem irgendwie nicht wirklich gut geht.

Es entsteht dann – weitgehend unreflektiert – eine Art grundsätzliche Langeweile und Unzufriedenheit, die sehr schnell, wenn man sich damit nicht nach innen kehrt und nicht vor sich selber ehrlich ist, in Schuldzuweisungen an andere übergeht. Dann sind es „die da oben", die Nachbarn, der Chef oder gar die Ausländer, die Migranten, die Moslems oder Juden – alles und jeder, was und wer auch nur ansatzweise ein Bedrohungspotenzial in sich birgt oder genauer: was sich dazu eignet, das eigene Unbehagen, die eigene Angst darauf zu projizieren. Solche Menschen spüren ihr Unbehagen, die Leere und Langeweile, die unter der übertriebenen Geschäftigkeit und all diesen echten und scheinbaren Zwecken liegt, sie sind also an sich sensibel genug, aber sie halten dann nicht inne, fühlen sich nur bedroht und benachteiligt und treten dann mit ihrer Angst, ihrem Frust nach außen, suchen dort „Schuldige"; und eigentlich ist es egal, wen es trifft, Hauptsache nicht sie selber. Das mag einem regelrecht blind oder dumm vorkommen, aber wenn man tief im Herzen eigentlich panisch ist vor Angst, dann sind solche Reaktionen eine Art von Notsprung. Was nichts daran ändert, dass es eine falsche Reaktion ist, die auf Kosten anderer geht, aber sie ist als solche einigermaßen nachvollziehbar.

Der Weg zurück, davon weg, führt nach innen. Das erfordert individuellen Mut, ohne Schutz in der Masse, die dafür, für solche „Spinner", nur ein müdes Lächeln übrighat. Mit Argumenten ist dem nur schwer beizukommen, denn es handelt sich um eine hochemotionale, im Grunde von Angst geleitete und weitgehend unbewusste Reaktion. Man kann dem aber begegnen mit eigener Klarheit und damit, um die geschundenen Seelen, die da in ihnen stecken, zu werben, sie auf einer anderen Ebene anzusprechen, Geborgenheit zu vermitteln und Anerkennung dafür, wenn Sie den Mut aufbringen, sich selber ein wenig mehr zuzuhören.

Es ist völlig klar und verständlich, dass eine solche technische und klimatische Umwälzung und Globalisierung, wie wir sie seit einigen Jahren erleben, Angst macht und Bedrohungen mit sich bringt, gefühlte und tatsächliche. Es geht also darum, die Verantwortung für das eigene Leben, die eigene, manchmal vielleicht auch triste Existenz selber auf sich zu nehmen und nicht auf andere zu zeigen. Das ist nicht erst seit heute so, aber in unserer Zeit hat sich eben auch das globalisiert und es nimmt ungekannte Dimensionen an. Denn wer die Schuld bei anderen sucht, der neigt auch in der Wahlkabine dazu, sein Kreuzchen bei Präsidenten oder Herrschern zu setzen, die einem versprechen, dass es das eigene Leben erleichtert, wenn man andere dafür verantwortlich machen kann – was sich ja erst einmal auch so anfühlt, auch wenn das mit der Wahrheit nicht immer viel zu tun hat. Der Kater kommt erst später.

Dabei ist es doch so einfach – und zugleich für manchen anscheinend ungeheuer schwer –, bei sich selbst zu beginnen, nach innen zu schauen, statt nach außen zu weisen; sich das eigene Unbehagen, dieses Gefühl von Mangel, diesen Hunger nach mehr, die unterschwellige Sehnsucht einzugestehen und dem nachzugehen. Es herrscht ein Mangel an Seele, genauer: an Menschen, die Sehnsucht erleben und aushalten und damit auf eine innere Reise gehen, statt anderen die Schuld daran zu geben, dass ihr eigenes Leben sie nicht wirklich befriedet. Oft ist es nicht einmal eine gewollte oder bequeme Verweigerung, sondern pure Unwissenheit. Das Wissen über innere Wahrheiten und Wege hat enorm abgenommen, es wird höchste Zeit, daran etwas zu ändern und zu erzählen vom Reichtum des Seelenlebens. Unwissenheit erzeugt Angst vor dem Unbekannten, und Angst kann, nach außen projiziert, Hass erzeugen. Schließlich, vereint mit all denen, die hassen, fühlt man sich endlich, endlich aufgehoben, nicht mehr allein. – Na toll!

So weit dieser kleine Exkurs, der einen kurzen Blick darauf geworfen hat, welche Dimensionen Mangel an Seele und Mangel an innerem, geistlichem Leben heraufbeschwören.

Psyche und Seele

Es ist also auch gesellschaftlich relevant, die Verantwortung für das eigene Leben, für das eigene Glück auf sich zu nehmen. Darauf komme ich später noch einmal zurück. Aber erst wieder zum Anfang, zur eigenen Ehrlichkeit, die die Voraussetzung dafür ist, sich selber näherzukommen, die eigene Seele zu spüren, ihr zuzuhören und sich von der eigenen Seelensehnsucht leiten zu lassen.

Man kann „Seele" nicht genau definieren oder greifen, man kann nur dahin deuten, was damit gemeint ist. Es gibt keine klare, wissenschaftliche Definition, wohl aber ein Gespür dafür, eine Ahnung – etwas, was man auch immer abstreiten oder leugnen kann. Um zu entdecken, was Seele ist, bedarf es des Mitgehens, des Sich-dafür-Öffnens, der Offenheit für Erfahrungen, die nicht so klar und greifbar oder nachweisbar sind. Ohne dieses „Mitgehen" bleibt man außen vor, bleibt einem die eigene Seele fremd. Doch keine Angst, Sie können jederzeit zurück, wenn Sie sich darauf eingelassen haben, keiner will Sie zu irgendetwas drängen oder verführen. Man kann auf diesem Weg jederzeit pausieren oder ganz damit aufhören, man kann rechts oder links abbiegen oder in endlosen Schleifen hängenbleiben – es ist und bleibt Ihr eigener Weg und Ihre ganz persönliche, ureigene Seelensehnsucht, die Sie darin leitet.

Seele ist nicht dasselbe wie Psyche. Psyche meint eher all das, was man im Leben mitbekommen, erfahren und verinnerlicht hat, und die Person, die man durch Herkunft und Lebenskontext geworden ist, mit all ihren Stärken und Verletzungen und Reaktionen, mit ihren Bindungen und Verstrickungen. Sie ist die Gesamtheit aller Gefühle, Ängste, Wünsche, Bedürfnisse und Verhaltensmuster. Seele hingegen deutet auf eine andere, tiefere Ebene. Sie meint das, was uns als diesen Menschen wesentlich ausmacht; das, wo wir im Kern der/die sind, die wir sind, wo wir bei uns zu Hause sind, gleichsam unabhängig von Verhalten und Einflüssen, wo wir uns als Person umfassend wiederfinden als das, was wir „eigentlich" sind. Psyche und Seele sind also nicht voneinander getrennte Wesensteile von uns, man kann sie sich eher vorstellen als unterschiedlich tiefe und unterschiedlich weitreichende Ebenen dieser unserer einen Person. Wie genau sie zusammenhängen, kann keiner sagen, ebenso wenig wie man exakt sagen kann, welchen Einfluss sie aufeinander ausüben. Man kann aber wohl sagen, *dass* sie zusammenhängen und *dass* sie Einfluss aufeinander haben. Vielleicht kann man sie sich vereinfacht vorstellen als unterschiedliche Etagen in einem Gebäude, die aber mit Treppen, Lift und Gängen vielfältig miteinander in Verbindung stehen. Oder mit einer Körperzelle, in der die unterschiedlichen Teile nur durch eine dünne, vielfach durchlässige Membran getrennt sind.

Unser Verhalten, unsere Umwelt und alles, was uns auf der psychischen Ebene bewegt, hat auch Einfluss auf die Seele, aber es bestimmt sie nicht. Die Psyche kann krank sein und genesen; die Seele ist der wesentliche Kern des Menschen, der kann klein oder groß sein, nah oder weit weg, spürbar oder unerreichbar, es sind andere Kategorien und Zustände, in denen sie lebt. Das Spüren und Erkennen der eigenen Seele hat Auswirkungen auf unser Verhalten und auf unsere Psyche – wie genau, ist schwer zu sagen und noch schwerer messbar, aber sehr wohl spürbar und erkennbar. Die Seele hat auch so etwas wie ein Eigenleben, eine gleichsam unabhängige Existenz in uns. Was uns wesentlich ausmacht, ist nicht durch Einflüsse von außen bestimmt, nicht durch die Gene, besteht aber auch nicht einfach unabhängig davon. Seele geht tiefer und über uns hinaus. Die Psyche gehört zu unserem Leib, die Seele ist daran nicht gebunden, sie gehört zum Ewigen. Seele, im Sanskrit *atman*, griechisch *pneuma*, hebräisch *ruach*, ist das, was für unseren Körper der Atem ist, ohne den wir nicht sind, und wenn er uns verlässt, sind wir nicht mehr.

Die Seele ausbuddeln

Der Seele muss man auf die Spur kommen, sie regelrecht „er-spüren“, auf sie hören, ihr lauschen lernen, um ihren Regungen und Bewegungen zu folgen. Das ist gar nicht so einfach, und zugleich ist es völlig natürlich, wenn man denn einmal die Verbindung zur eigenen Seele aufgenommen hat. Die Seele ist oft überlagert von tausendundeinerlei Dingen, die für sich genommen allemal wichtig sind: Man muss für den

Lebensunterhalt sorgen, sich um dies und das und jenen kümmern, man steht in einem Beziehungsgeflecht, muss sich behaupten und so weiter. Und wenn man mal einen Moment Zeit hat, dann genügt ein Blick aufs Smartphone, um wieder gebannt, d. h. festgebunden zu sein und damit abgelenkt von sich selber. Dazu strömen fast permanent ganze Wellen von visuellen und akustischen Eindrücken auf uns ein, denen man sich kaum entziehen kann und die unsere Aufmerksamkeit für einen Moment erhaschen und sich zunutze machen wollen.

Das ist an sich gar nicht so schlimm, *that's life*, solange es einen nicht komplett beherrscht und einem die Luft zum Atmen nimmt bzw. das Hören auf die Seele unmöglich macht. Nicht selten ist die Seele von all diesen Einflüssen, Druck und Zwängen, vielleicht einfach auch Ablenkungen, total überlagert, man muss sie regelrecht ausbuddeln. Das kann man aber, indem man ab und an äußere Einflüsse reduziert und in sich hineinhorcht. Es geht dabei um Stille, zunächst auch durchaus um äußere Stille: Einfach mal Geräuschquellen abschalten, Radio und Fernsehen sowieso, die Kopfhörer abnehmen, selbst wenn Entspannungsmusik darauf zu hören ist, den Laptop zuklappen und nur so dasitzen mit nichts in der Hand, keine Zeitschrift, kein Buch, aufrecht, die Hände locker auf dem Schoß, die Augen geschlossen oder frei auf einen Punkt vor sich fixiert, nicht umherschweifend.

Es kann hilfreich sein, dabei eine Kerze anzuzünden und sich einen Block und Stift zurechtzulegen für den Fall, dass einem etwas in den Sinn kommt, was man auf keinen Fall vergessen will. Einmal am Tag, wer will, auch zweimal; zehn Minuten mindestens, besser 15 oder für „Profis" auch 20 Minuten. Weiter nicht zielgerichtet nachdenken, sondern einfach nur auf Ihr *Gefühl* achten, nicht auf die Gedankengänge: fühlen, was Sie fühlen. Wenn die Zeit, die Sie sich vorgenommen haben, vorbei ist, dann schreiben Sie für sich auf, was Sie gefühlt (nicht: gedacht) haben, beispielsweise: „Ich fühle mich etwas müde", „ich fühle mich frisch und bin gespannt auf den Tag/Abend", „ich fühle mich unruhig/orientierungslos", „ich spüre meine Angst vor .../meine Wut auf ...". Man kann auch einen Teil der Zeit dazu nutzen, den vergangenen oder den kommenden Tag durchzugehen und dabei dem eigenen Gefühl nachzuspüren: wie sich dies oder das anfühlt, worauf man sich freut, wovor man zurückschreckt oder, im Rückblick, welches Gefühl in den verschiedenen Situationen des abgelaufenen Tages vorhanden war. Nicht alles noch einmal durchdenken, sondern dem nachspüren, was man in dem Moment gefühlt hat bzw. wie sich dies oder das in der Vorschau darauf anfühlt.

Es geht dabei zunächst nicht so sehr um das, *was* Sie fühlen, sondern darum, *dass* Sie etwas fühlen und dies so klar und so genau wie möglich identifizieren. Manchmal fühlt man auch gar nichts oder man dringt gar nicht durch zum eigenen Gefühl. Dies festzustellen kann dann ein wichtiger Schritt sein: Ich fühle in mich hinein und es ist, als ob keiner zu Hause ist. Das kann einen auch wachrütteln. Oft führt gerade das Fehlen von etwas, der Mangel, erst richtig weiter, weil es einen dazu bringen kann, sich auf die Suche zu machen. Das klingt vielleicht noch ganz beschaulich, aber wenn man spürt, dass man nicht „bei sich“ ist, dann ist das schon schockierend.

Dies ist sozusagen die Grundübung, und es empfiehlt sich tatsächlich, sie jeden Tag in irgendeiner Form durchzuführen, sie zum ganz normalen Teil des Alltags werden zu lassen wie Zähneputzen oder Frühsport, halt nur für die Seele. Dasselbe in abgespeckter Form lässt sich immer mal wieder zwischendurch am Tag machen: Schalten Sie kurz ab, horchen Sie in sich selbst hinein – was fühle ich gerade? Oder stehen Sie, durchaus im wörtlichen Sinne, für einen Moment still, dort, wo es sich gerade ergibt, und versuchen Sie einfach nur mit allen Sinnen da zu sein, bei sich zu sein und nach innen zu schauen, wie es Ihnen gerade ergeht.

Sie werden sehen, dass Sie mit der Grundübung und mit solchen Momenten des Stillstehens Ihr Empfinden trainieren und nach und nach immer mehr dem nachzuspüren lernen, was in Ihnen umgeht. Es schafft für einen Moment einen kurzen Abstand zwischen dem, was um Sie herum geschieht, und Ihnen selbst. Das führt dazu, dass Sie etwas mehr umschalten von „Außensteuerung“ auf „Innensteuerung“: Sie werden weniger bestimmt von dem, was von außen auf Sie einströmt, was sie unter Druck setzt oder lähmt, was Ihnen Angst macht, was Sie antreibt usw., als vielmehr von Ihren eigenen Impulsen, einfach weil Sie spüren, was Ihnen selber wirklich guttut und was Ihnen weniger oder gar nicht guttut. Auch darin gibt es unterschiedliche Tiefen, das spüren Sie dann sehr schnell. Aber wichtig ist erst einmal, dass Sie merken: Hey, da ist ja etwas, was mit mir selber zu tun hat, es ist gleichsam wieder oder wider Erwarten doch noch jemand zu Hause, wenn Sie sich nach innen kehren. So entwickeln Sie mehr und mehr ein Empfinden für das, was in Ihnen umgeht, und Sie werden feststellen, dass sich dieses Gefühl vertieft, dass Sie aus der oberen Etage Ihrer Psyche Ihrer Seele näher kommen und damit all dem, was wirklich zählt. Ihre Seele lebt auf, wenn Sie ihr zuhören. Umgekehrt kann sie übrigens auch regelrecht verdunsten, wenn sie nicht erspürt und genährt wird – aber keine Sorge, etwas bleibt immer.

Sehnsuchtskiller

Denn so, wie es das natürliche Verlangen gibt, ganz man selbst zu sein und zu werden, so gibt es auch Dinge, die dem im Wege stehen. Zwei davon habe ich indirekt bereits angesprochen: Überforderung und Ablenkung. Ablenkung im vollen Sinne: dass ein Impuls, der in eine bestimmte Richtung geht, hier also nach innen, umgelenkt wird auf etwas anderes, das unsere Aufmerksamkeit in Anspruch nimmt, was auf irgendeine merkwürdige Art leichter zugänglich erscheint, uns für einen Moment befriedet, um dann gleich wieder ins Nächste überzugehen. Die Ablenkung beschäftigt uns permanent, steuert uns von außen von einem zum andern. Sobald man aber diese Kette unterbricht, merkt man, dass ein irgendwie hohles Gefühl, eine Leere zurückbleibt, die man dann auch gleich wieder füllen kann.

Lassen Sie sich nicht ablenken! Bleiben Sie bei Ihrem Gespür und bei dem, was Sie fühlen, auch wenn es – das werden Sie früher oder später feststellen – immer ein wenig Angst macht, sich selbst zu begegnen, in sich hineinzuhorchen, nicht abzuschweifen. Die Ablenkung nimmt Einfluss und verführt aktiv, die Sehnsucht flüstert und wartet eher passiv darauf, gehört zu werden. Überforderung tritt immer dann auf, wenn wir Ansprüchen nicht genügen. Diese Anforderungen können sich aus einer Situation ergeben, sie kommen von anderen, nicht selten auch von einem selbst in Form von selbst auferlegten Zielen oder Normen, die sich bei näherem Hinsehen aber fast immer als verinnerlichte Forderungen von außen entpuppen, z. B. indem man sich die Anforderungen eines Elternteils so zu eigen gemacht hat, dass man schon gar nicht mehr merkt, dass dies nicht aus einem selbst erwachsen ist.

Wohlgemerkt, nicht alle Anforderung und auch nicht alle Anspannung ist falsch, es geht nur darum, deren totalitärer Tendenz entgegenzuwirken, sich nicht komplett davon bestimmen zu lassen, sondern ein wenig Raum zu schaffen für die Seele, für das Hineinhorchen in sich selbst, für die Innensteuerung, bei der man das tut, was man als einen Impuls von innen erfährt. Auch darin muss man unterscheiden: Nicht alle Impulse sind per se gut, aber das werden wir im zweiten Kapitel dieses Buches noch näher betrachten.

Ein weiterer Sehnsuchtskiller sind Gefühlsschablonen oder emotionale Versatzstücke. Wenn ich etwas erlebe, dann tun sich augenblicklich Klischees und Schubladen auf, in die ich das Erlebte hineingeben kann. Ich trage aus Erzählungen und Medien ein bestimmtes Bild davon in mir, was es z. B. heißt, einen tollen Abend zu erleben. Was ich dann faktisch dabei erlebe, wird gar nicht mehr wirklich realisiert, es kann kaum durchwirken, weil es sofort in eine Schablone gepasst wird: Man hat ein Bild davon, dass es toll ist, mit Freunden zusammen zu sein, „Party" zu machen oder „Gänsehaut-Feeling" zu erleben, und achtet gar nicht mehr darauf, was man selber *wirklich* spürt und erlebt, sondern sofort stehen die Schablonen bereit, in die dies zu passen hat. Man tippt gleichsam nur an eine Erfahrung, sie hat keine rechte Tiefe mehr, passt gleich in ein bekanntes Format. Und dann posten wir ein Bild oder ein Selfie, um dieses Klischee noch einmal zu unterstreichen.

Doch womöglich haben wir uns ja eigentlich ganz anders gefühlt. Vielleicht war es einfach nur ein wenig langweilig und anstrengend, mit anderen in Kontakt zu kommen, weil ich gerade eigentlich mit ganz anderen Dingen beschäftigt war. Oder es war vielleicht ganz nett, aber nur ab und an und auch nur ansatzweise so, wie es der Vorgabe entspricht. Wir bekommen diese Vorgaben heute in zuvor ungekannter Menge und Vielfalt vorgehalten, sie dröhnen aus jedem Lautsprecher, zeigen sich auf Webseiten und in sozialen Medien und sind nahezu allgegenwärtig. Am Ende hecheln wir von einer Klischeevorstellung in die nächste, nur um einem Ur-Bedürfnis gerecht zu werden: dabei zu sein, dazuzugehören. Dabei geht es um Schutz und Geborgenheit und das Grundbedürfnis der Zugehörigkeit. Nur ist es halt so, dass all diese Vorstellungen und Klischees, diese emotionalen Flicken dies gar nicht erfüllen, sie gaukeln es nur vor, sie führen uns auf sehr dünnes Eis, das jeden Moment, in dem wir stillstehen, unter uns wegzubrechen droht. Wir leben zu einem nicht geringen Teil in Vorstellungen und „er-leben" und ergründen unser Leben gar nicht richtig. Das sind Sehnsuchtskiller, weil sie vom echten Leben abhalten, derweil sie es einem vorspielen. Das Perfide ist, dass sie dabei zugleich den Kanal für echte Bedürfnisse regelrecht verstopfen. Man muss sich schon ein wenig davon losmachen, daraus befreien und den Mut haben, mal nicht auf der Welle zu surfen, auf der alle anderen sich augenscheinlich befinden. Wie man solch eine Unterbrechung bewirkt, wie man mitten im Trubel oder zu festen Zeiten kurz einmal aussteigt und hinhört auf das, was in einem selber umgeht, das habe ich vorhin mit der kleinen Alltagsübung aufgezeigt.

Bange machen gilt nicht

Die Angst davor, nicht dazuzugehören. Die Angst davor, wirklich hinzuschauen, anstatt sich ablenken zu lassen. Die Angst davor, Ansprüchen von innen oder außen nicht zu genügen. Dazu die Angst davor, nach innen zu spüren, sich den eigenen Gefühlen zu stellen, statt sie bewusst oder unbewusst nach außen und auf andere zu projizieren. Die Angst davor, alleine zu bleiben. All diese Ängste sind gleichsam der Motor oder besser das Einfallstor für Sehnsuchtskiller. Und ja, ich finde sie verständlich, denn es *macht* Angst, sich nicht immer wieder ablenken zu lassen; es macht Angst, wenn der Druck steigt und man kaum hinterherkommt, und es befriedigt, wenn man es wieder mal gepackt hat. Und ja, es macht auch Angst, sich dem eigenen Innern zu stellen, eigene Wege zu gehen, endlich einmal wirklich Ernst zu machen mit dem eigenen, dem „richtigen" Leben, von dem man nur eine Ahnung hat und von dem man spürt, dass man endlich einmal konsequent sein müsste.

Suchen Sie sich eine der Varianten aus – wahrscheinlich erkennen Sie gleich mehrere in unterschiedlichen Gewichtungen wieder. Diese Ängste sind sehr, sehr menschlich. Es hat zugegebenermaßen lange gedauert, bis ich mir selber überhaupt eingestehen konnte, dass auch ich diese Ängste spüre; und zum anderen – das war noch viel schwerer und langwieriger – zu erfahren und anzunehmen, dass sie ganz normal und menschlich sind; dass sie zu mir gehören und dass ich deshalb kein Feigling bin, nur weil auch ich sie habe und sie nicht mal eben wegradieren kann. Bis ich dann irgendwann merkte: Ich muss sie nicht besiegen oder beseitigen oder mit aller Kraft und Tapferkeit überwinden! Das haut nämlich einfach nicht hin, zumindest nicht auf Dauer, und dann erzeugt es ständig Frust und Stress, wenn es wieder mal nicht geklappt hat, wenn ich der Angst – egal in welcher Variante – nachgegeben habe oder ihr unterlegen war; wenn ich mal wieder über Wochen zu viel gearbeitet habe und dem Erfolg und der Bestätigung hinterhergerannt bin; wenn ich spürte, ich müsse doch jetzt wirklich mal Ernst machen mit meinem Leben, es endlich mal total konsequent anpacken – und es mir dann einfach zu viel wurde, gefolgt von einem unterschwelligen Gefühl der Scham oder des Versagens oder Scheiterns, was ich mir aber nur teilweise eingestand.

Dahinter steckt ein idealisiertes Menschenbild von einem fleißigen, starken und am besten noch perfekten Helden oder einer Heldin, die die Angst besiegt, einmal für immer oder immer wieder oder wenigstens immer öfter. Klappt aber nicht. Ich hab's probiert: Es geht einfach nicht aus eigener Kraft und Überzeugung. Die gute Botschaft aber ist: Man muss sie auch gar nicht „besiegen" oder irgendwie aus dem Leben bannen. Erst als ich das nach und nach verstanden habe, dass all diese Ängste zu mir gehören, dass ich sie nicht ständig „besiegen" muss, weil ich sonst gleichsam gegen mich selber kämpfe, gegen etwas, was von Natur aus in mir ist, habe ich nach und nach ein wenig loslassen können, wurde mein Umgang mit ihnen etwas freier, lockerer. Ich könnte, vereinfacht gesagt, genauso gut dagegen kämpfen, dass ich braune Augen habe oder dunkle Haare. Diese Ängste sind bei jedem Menschen unterschiedlich gelagert und verteilt, aber sie sind in jedem Menschen vorhanden. Ergänzen Sie sie ruhig mit Ihren eigenen Varianten, wie z.B. der Angst davor, dass die Welt um Sie herum immer schlechter und bedrohlicher wird und die Menschen immer rücksichtsloser und egoistischer werden; oder dass Sie die Orientierung verlieren zwischen all den Dingen, die da auf Sie zurauschen. Indem Sie akzeptieren, dass Sie sie haben, ebenso wie ich, dass sie zu Ihnen, zu mir gehören, kommt auch der Mut, mit ihnen umzugehen.

Es komme mir jetzt bitte keiner mit einer psychologischen Abhandlung über den Sinn der „guten" Angst, dass sie einen vor Gefahren warnt usw. Das meine ich gar nicht, sondern ich meine tatsächlich diese verdammte Angst davor, komplett Ernst zu machen mit dem eigenen Leben, mich nicht ständig ablenken zu lassen; oder die oft so unbegründete Angst, nicht dazuzugehören oder keine Orientierung zu haben, weil alles, was ich spüre, vielleicht doch nicht bis auf den tiefsten Boden echt ist oder irgendwelchen Klischees erliegt. Aber ich kann diese Angst spüren, ich kann sie erkennen, ich kann sie als eine Stimme und Regung in mir registrieren und mit ihr umgehen, mit ihr leben, kann ihr auch mal mit einem leisen Lächeln nachgeben: „Ach, schau mal, da ist sie ja wieder!" Ich muss sie nicht beherrschen, ich muss nur dafür sorgen, dass sie mich nicht beherrscht und meine Entscheidungen bestimmt.

Mit anderen Worten: Ich muss nur den Mut haben, mich ihr zu stellen, sie zu erfahren, sie auszuhalten und dann mit ihr umzugehen. Es ist kein Heldentum gefragt, wohl aber dass man sie anerkennt und bereit ist, sie zu ergründen und zu durchschauen. Angst besiegt man nicht mit Macht oder Einschüchterung, man kann sie besser wie ein kleines, verängstigtes Kind in den Arm nehmen, hin und her wiegen, ihr gut zureden – und ab und zu ihr auch mal nachgeben, mal fünfe gerade sein lassen und auch mal unter dem Bett nachschauen, ob sich dort nicht ein Kobold oder ein Gespenst versteckt hat. Oder etwas erwachsener: Ich habe gelernt, mich mit meinen Ängsten anzufreunden, sie als das zu betrachten, was sie sind, nämlich ein Teil von mir. Aber es muss ja nicht der bestimmende oder entscheidende Teil sein. Wenn ich meiner Seele lausche, sollen sie ruhig da sein, die Ängste, sie werden mich auch mal davon abhalten – na und? Dann nehme ich den Faden halt wieder auf und schaue weiter. Auch wenn ich dem nachgehe, was womöglich größer ist als ich selbst, meinem universellen Wesenskern (so nenne ich ihn jetzt mal), geht es einfach nur darum, Mensch zu sein, aber das bitte so viel wie irgend möglich.

Sie müssen also kein Übermensch werden, der keiner Ablenkung nachgibt oder immer klar und konsequent ist oder der so souverän ist, dass er es für sich erst einmal gar nicht nötig hat, zu irgendwas oder irgendwem dazuzugehören. Letzteres ist eh eine Illusion, die irgendwann in sich zusammenbricht, denn das Verlangen nach Zugehörigkeit gehört zur DNA eines jeden Menschen, sie ist ein Ur-Bedürfnis. Man muss sich ja nicht davon beherrschen lassen, man kann z.B. Ablenkungen auch dosieren, sie bewusst einsetzen, um mal abzuschalten und dann wieder weiterzumachen. Aber es ist halt anders und intensiver, wenn man sich traut, wirklich zu ergründen, was man fühlt, und dabei schonungslos ehrlich zu sein, egal ob es ins Bild passt oder nicht. Sie werden feststellen, dass Sie nach und nach eine neue Art von Geborgenheit erfahren, erst einmal indem Sie einfach zu sich selber stehen, echt sind und authentisch; und Sie werden sehr bald spüren und erkennen, dass Sie nicht die Einzigen sind, die eigene Wege gehen, die ihrer Seele nachspüren, und dass alles mit allem „irgendwie" zusammenhängt und dass es kein Gegensatz ist, ganz man selbst zu sein und sich aufgenommen und geborgen zu wissen.

Aber ich will Ihnen nichts vormachen: Es kann tatsächlich dauern, manchmal fühlt man sich mitgenommen und Teil eines großen Ganzen, manchmal ist man auch echt alleine. Darunter aber, egal ob in Hochs oder Tiefs, spüren Sie, dass Sie wirklich leben, dass Sie näher bei sich selber sind, vielleicht näher als jemals zuvor. Ich habe es ja schon gesagt: Seelensehnsucht ist nichts für Feiglinge.

Mangel spüren

Also: erst einmal spüren, was da in einem selber los ist, was einen antreibt, was darin von außen und was von innen kommt, was fremdbestimmt und was selbstbestimmt ist. Und darunter oder dahinter, wo es einen hin*zieht*, nicht: hin*treibt*, denn das ist, zumal anfangs, ein wesentlicher Unterschied. Da ist es nämlich gerade dasjenige, was einem im alltäglichen Trubel fehlt, das einem den Weg weisen kann: das, was man darin vermisst, z.B. etwas Ruhe, einfach mal stillzustehen und zu betrachten; oder man vermisst Tiefgang, Verbindlichkeit und Freundschaft, Nachhaltigkeit; oder man erlebt gar nicht so viel Trubel und Unruhe, sondern hat sich eigentlich ganz gemütlich eingerichtet im eigenen Leben, nur dass da halt irgendwo eine Stimme in einem klingt, die fragt, ob man damit auch wirklich Frieden gefunden hat oder sich nicht ständig nur etwas vormacht. Da ist ein kleiner Unruheherd, den man oft übertüncht, aber vielleicht lohnt es sich ja doch, dem nachzugehen: einfach mal sich dafür zu öffnen, dem nachzuspüren, was fehlt oder was da an innerer Unruhe ist, weiter nichts, also nicht gleich wieder zuzukleistern oder weiterzurennen, auch wenn es einen dahin regelrecht treibt.

Es klingt natürlich schon etwas merkwürdig, wenn ich hier dazu rate, einen offensichtlichen Mangel, den Sie erleben, nicht so schnell wie möglich abzustellen und zu befrieden. Genau dies wird uns aber noch öfter begegnen, es ist das Prinzip, dass man nicht gleich selber wieder „lösungsorientiert“ mit voller Kraft das Ruder in die Hand nimmt, sondern erst einmal hinhört, was denn wirklich Sache ist, woran es einem denn nun tatsächlich mangelt. Es bedarf keiner Psychoanalyse oder kluger Gedanken und Herleitungen, es bedarf einfach nur des Mutes, genauer hinzuspüren, worin dieser Mangel oder diese Unruhe bestehen, wonach es mich zieht und verlangt, was mir denn fehlt – und erst im zweiten oder dritten Schritt, was dasjenige ist oder sein könnte, was diesen Mangel behebt oder die Unruhe zu echter Ruhe bringt. Wer oder was fehlt mir eigentlich? Was rüttelt denn da so an mir? Wenn ich Hunger habe, habe ich Hunger und dann muss ich etwas essen, Punkt. Wenn ich mir Sorgen mache um etwas oder jemanden, dann muss ich nüchtern schauen, ob es Handlungsbedarf gibt oder ob vielleicht etwas ganz anderes dahintersteckt. Aber der Mangel und die Unruhe, von denen ich hier spreche, liegen auf einer anderen Ebene. Auch Mangel mag man vielleicht erst einmal füllen oder besänftigen, indem man etwas isst oder trinkt oder indem man sich ablenkt oder in Arbeit stürzt und danach ein Gefühl der „Fülle“ hat, bis man vielleicht irgendwann merkt, dass es sich doch um einen ganz anderen „Hunger“ handelt, der nun mal nicht mit wachsenden Portionen an Essen (Getränken, Erlebnissen, Sex, noch mehr Arbeit usw.) zu füllen und zu befrieden ist. Wir müssen den Mangel ergründen, und zwar nicht rational, sondern emotional, d. h. ihn erspüren, um zu merken, was uns wirklich fehlt. Das heißt, dass man den Mangel nicht sofort wieder abstellt, sondern erst einmal bestehen lässt und das gewohnte Signal des Großhirns: „Hallo, hier herrscht ein Mangel, bitte umgehend abstellen!" nicht einfach befolgt. Und zwar weil man gemerkt hat, dass die gebräuchliche Art, damit umzugehen, diesen Mangel, diese Unruhe nicht wirklich trifft, nicht befriedet, sondern nur etwas aufschiebt oder davon ablenkt. Schluss mit der Ablenkung und Ersatzbefriedigung! Was fehlt mir denn wirklich? Wonach verlange ich in meinem Innern? Wohin zieht es mich?

Es ist, das wird sich noch herausstellen, ein Segen, diesen Mangel, diese innere Unruhe, diesen „Hunger" oder „Durst" zu spüren, denn er weist auf etwas anderes hin, was nicht so leicht greifbar und schon gar nicht mal eben zu erfüllen ist. Es geht darum, sich diesem Mangel zu stellen, ihn wahrzunehmen, ihn zu befragen und zu ergründen. Das ist unabdingbar, um der eigenen Seelensehnsucht näherzukommen, der Sehnsucht *nach* Seele und echtem, innerem Leben und der Sehnsucht *der* Seele, das, wohin sie uns auf diesem Wege leitet. Sie werden mit der Zeit immer schneller unterscheiden können, was „körperlicher" und was „seelischer" Mangel ist, wobei diese sehr oft Hand in Hand gehen. Der körperliche Mangel – es kann ja auch mal der Mangel an Bewegung sein – lässt sich, einmal identifiziert, meist recht leicht abstellen, mit dem seelischen Mangel ist das schwieriger. Dem muss man länger nachhorchen, er versteckt sich schon mal in oder hinter anderen Dingen und wird erst spürbar, wenn man etwas länger hinspürt, sich durch mögliche Fassaden, manchmal auch Ängste, hindurchkämpft, indem man vor sich selbst absolut ehrlich ist.

Aber Vorsicht, man kann es auch zur anderen Seite hin übertreiben, wenn man in der gefühlten inneren Leere, in dem, was einem fehlt, stecken bleibt: „Ich fühle mich so leer und nichts füllt mich wirklich." Das mag stimmen, und es ist an sich kein außergewöhnlicher Zustand, wenn man einmal zugelassen und realisiert hat, dass dieses Unbehagen, dieses Verlangen sich nicht auf konventionellen Wegen füllen und befrieden lässt. Es herrscht dann tatsächlich erst einmal eine gewisse Ratlosigkeit oder besser: Orientierungslosigkeit im Innern. Man weiß ja noch gar nicht, wohin dieses Signal denn weist. Wenn man dann in eine allgemeine Orientierungslosigkeit verfällt, weil man nicht so haargenau und sicher weiß, wohin man sich wenden soll, dann ist die Gefahr groß, dass man darin verharrt und innerlich wie ein Huhn ohne Kopf wild umherirrt, panikartig nach allem greift, dabei aber nicht wirklich weiterkommt. Dann bedarf es schon überlegter Schritte, dass man durch *trial and error*, Versuch und Irrtum, etwas tut, von dem man annimmt, dass es weiterführt, und dann immer mal wieder innehält, um zu schauen, ob es einen auch wirklich weiterbringt. Wenn man daraufhin merkt, „dass es das auch schon wieder nicht ist", und es dabei komplett fallen lässt, kommt man nicht vom Fleck – was einfach daran liegt, dass nichts, was man unternimmt und versucht, gleich die hundertprozentig perfekte Antwort auf den erfahrenen Mangel ist. Dann bitte nicht die Hände in den Schoß legen und verzweifelt lamentieren oder sich über das Unzureichende dieser Welt beklagen. Nicht den Mangel kultivieren, sondern besser versuchsweise etwas unternehmen, auch wenn man weiß, dass es das eigene Verlangen nicht ganz trifft, dabei das Gute bewahren, ruhig ein bisschen davon anhäufen und einen neuen Schritt machen in eine etwas andere Richtung. Es geht nicht um eine schnelle Erfüllung, sondern um Annäherung.

Oder in einem anderen Bild: Es ist gut, wenn man ständig kräftig gerudert hat, auch mal zu unterbrechen und nachzuschauen, ob man noch auf dem richtigen Kurs ist; aber dann auch wieder weiterzurudern, etwas verhaltener vielleicht, etwas suchender, aber nicht einfach die Ruder schleifen zu lassen und sich dem Wind und den Strömungen zu überlassen. Man muss also ständig neue, vorläufige Entscheidungen treffen, sich dessen bewusst, dass auch das nicht die eine richtige Antwort ist. Wohl aber, und das ist wichtig, dass man Erfahrungen anhäuft, sich der erspürten Richtung einen kleinen Schritt weiter nähert. Man spürt, ob das, was man tut, dem erfahrenen Mangel, der eigenen Sehnsucht, mehr entspricht oder weniger; ob es einen dahin führt oder davon wegbringt. Es ist besser zu lavieren, sprich bei Gegenwind auch mal schräg zum eigentlichen geraden Kurs zu fahren, aber immer mit ein klein wenig Raumgewinn, als stillzustehen. Und es ist besser, bei sich selbst zu bleiben, auch wenn man manchmal das Gefühl hat, nur stotternd voranzukommen, als sich von falschen Gurus (ver-)leiten zu lassen. Die mildere Form des „Guru-Suchens“ ist übrigens, jede Menge Kurse in allen möglichen Richtungen und Heilswegen zu besuchen und darin als ständig „Suchende(r)“ steckenzubleiben. Wer wirklich sucht, muss es auch wagen zu finden – aber nicht gleich ein Patentrezept und die Lösung für alles, sondern nur den jeweils nächsten Schritt. Es gibt keine schnelle Lösung und auch keine einfache Heilslehre, die die Unruhe und den Mangel beseitigen. Sehnsucht ist nicht Erfüllung, sondern sie weist die Richtung.

Wichtig also ist zuallererst einmal, Mangel oder Unruhe in der Behaglichkeit nicht als etwas zu begreifen, was man sofort abstellen muss, sondern als einen Wegweiser hin zu dem, was man wirklich braucht, oder besser: zu dem, was die Seele benötigt. Dem gilt es nachzuspüren und mittels Versuch und Irrtum neue Wege zu entdecken, um zu erkunden, was dieses Verlangen wirklich befriedet und eben nicht nur scheinbar. Auf der anderen Seite hilft es nicht weiter, diesen Mangel zu kultivieren und sich einer „gefühlten“ Orientierungslosigkeit anheimzugeben. Sie werden merken, dass Ihr Gespür für eine gute Richtung, Ihre Unterscheidungsfähigkeit, mit der Zeit sehr schnell wächst. Zudem ist es faszinierend, denn man erfährt eben ab und an auch, dass man wirklich *lebt* und dass man auf einem *Weg* ist und voranschreitet, sich nicht nur im Kreis dreht. Die Dinge um einen herum und die Ereignisse des Lebens werden bedeutsamer, d. h., sie deuten in eine Richtung.

Manchmal begegnet man auch Menschen, die gar keinen Mangel in ihrem Leben verspüren. Und die sind dabei nicht gleich alle ignorant oder unsensibel: „Wovon redest du da eigentlich?“, lautet dann die Frage.

Kann sein, dass sie noch nicht oder im Moment gerade nicht an solch einem Punkt in ihrem Leben sind; das ist manchmal so, aber lassen Sie sich nicht beirren, denn es ist nicht für jeden immer das Gleiche zur selben Zeit dran, und manche haben ganz andere Aufgaben in ihrem Leben zu erledigen. Man muss auch nicht mit jedem alles gemeinsam machen oder besprechen können. Sie selber aber spüren dieses „nicht genug“ oder diese innere Unruhe, und es ist sozusagen Ihr Job, darauf einzugehen und damit weiterzukommen. Das reicht erst mal komplett, lassen Sie andere ruhig andere Wege gehen.

Mangel spüren, das klingt zunächst etwas negativ, aber Sehnsucht dringt zu Erfüllung, sie selber ist aber noch keine Erfüllung, sondern eher wie ein Vakuum, das einen in eine bestimmte Richtung zieht.

II. Seelenleben

Raum schaffen

Es ist gar nicht immer so einfach, mehr und mehr bei sich selber anzukommen! Andererseits ist es eigentlich das Normalste der Welt, denn es geht ja nicht um irgendetwas Fremdes, Aufgesetztes, sondern es geht einfach nur darum, zu sich selbst zu finden, mehr zu dem oder der zu werden, der oder die man wirklich ist. Das ist kein Egoismus und keine Egozentrik, denn Egoisten beschäftigen sich mit den eigenen Bedürfnissen und verabsolutieren diese. Hier aber geht es um das, was Ihre *Seele* braucht, und das ist bei weitem nicht dasselbe. Denn die Seele geht weit über das hinaus, was (m)ein kleines Ego will und meint nötig zu haben. Der Seele muss man zuhören, ihr lauschen. Das Zentrum ist nicht das Ego, sondern die (Ihre) Seele, die ganz tief mit allem und jedem verbunden und verwurzelt ist. Wer seiner Seele wirklich zuhört, ist darin verbunden mit anderen Menschen und anderen Dingen, denn die Seele ist ganz einzigartig und persönlich, aber zugleich eben auch nicht isoliert, sondern universell. Vielleicht kennen Sie ja aus eigener Erfahrung Momente, in denen Sie sich ganz nah bei sich selbst wussten und zugleich als Teil eines großen Universums erfuhren. Das ist nämlich kein Gegensatz, sondern das eine beinhaltet das andere. Ich werde darauf im dritten Teil weiter eingehen. Jetzt gilt es, der eigenen Seele mehr auf die Spur zu kommen, Raum für sie zu schaffen, Empfindsamkeit dafür zu entwickeln, sich der eigenen Seele zu nähern und sie zu nähren, mit ihr zu leben, will sagen: das eigene Leben etwas mehr danach auszurichten, ein bisschen mehr auf „Empfang" zu schalten, ohne in Passivität zu verfallen. Und das ganz alltäglich, im ganz normalen Leben als ganz normaler Mensch, scheinbar ohne besondere Fähigkeiten.

Sie merken schon: Es ist immer dieser doppelte Aspekt des Seelenlebens, dass man selber eine Seele hat, dass man ganz persönlich und einzigartig diese Seele *ist* und dass diese zugleich auch so etwas wie ein Eigenleben besitzt, das uns selbst übersteigt, was sich unserer Erkenntnis nur schrittweise eröffnet, in dem wir aber letztendlich verbunden sind mit allen anderen Seelen und allem, was lebt. Das klingt jetzt vielleicht ein bisschen merkwürdig und groß, aber es sind eben immer nur Hinweise und Beschreibungen für etwas, wofür es im Grunde keine Worte mehr gibt.

Nun kann man ja nicht mal eben „auf Empfang schalten", gleichsam den Schalter umlegen oder auf den entsprechenden Button oder die Schaltfläche mit dem Link klicken. Mag sein, dass es Frauen etwas leichter fällt als Männern und dass Frauen Männern darin wie so oft etwas voraus sind, jedoch auch nicht weiter können, ohne dass das männliche Element im Leben dies nachvollzieht, prüft und bejaht und dadurch erst wirklich werden lässt. Meinen männlichen Artgenossen aber sei gesagt: Es geht! Man kann auch als Mann empfangen, lauschen, entdecken und auf das achten, was schon da ist oder was auf einen zukommt. Manchen mag es sogar liegen, anderen – ich behaupte mal: den meisten – liegt das ganz und gar nicht, weil sie gewohnt sind, selber aktiv zu sein, möglichst allem, was auf einen zukommt, zuvorzukommen oder dagegen gewappnet zu sein. Als steinzeitlicher Krieger muss „Mann" ja auf alles vorbereitet sein, und zwar im Sinne der Abwehr von Gefahren oder der Eroberung. Und ja, dieser Krieger und Steinzeitmensch steckt immer noch tief in uns. Manchmal habe ich den Eindruck, dass die Seele der Urzeit weit näher ist als unserer modernen Wirklichkeit, aber ich kann mich natürlich irren. Dem weiblichen Teil der Bevölkerung sei gesagt, dass Empfangen bei weitem nicht dasselbe ist wie sich bedienen zu lassen oder darauf zu warten, dass sich das Richtige schon irgendwie zeigt oder angeweht kommt; dem ist nicht so.

Männlich und weiblich – es ist natürlich beides in uns, nur eben in je unterschiedlicher Gewichtung – müssen gleichsam zusammenarbeiten, denn unsere Seele ist nun mal beides, männlich und weiblich, Yin und Yang oder wie auch immer man es benennen und deuten mag. Ich nenne das, was hier vonnöten ist, *aktive Empfänglichkeit.* Einerseits lernen, das, was auf mich zukommt, zu erkennen, wahrzunehmen und damit so einvernehmlich wie möglich zu leben, ohne gleich in irgendeiner Weise aktiv zu werden oder damit umzugehen, geschweige denn anzupacken. Das heißt aber umgekehrt nicht, dass man sich zurücklehnt und die Dinge einfach laufen lässt, denn dann laufen sie an einem vorbei. Wenn ich in meiner Seele Regungen wahrnehme, Impulse spüre, dann ist es gut, sie zu identifizieren, sie einigermaßen unverfälscht zu erkennen und aufzunehmen. Dann aber muss ich sie näher kennenlernen, nicht oder nicht ausschließlich, indem ich sie analysiere, sondern eher so, wie man auch einen anderen Menschen kennenlernt – indem man ihn betrachtet, so sein lässt, wie er ist, seine Herkunft erschließt und schaut, was er denn von einem will, wohin er einen zieht oder führt und was man dabei empfindet.

Das gilt es dann in einem zweiten Schritt zu unterscheiden, denn nicht jeder Impuls und jede Regung im eigenen Innern ist an sich schon gut und richtig. Unterscheiden jedoch ist mehr als ein rationaler oder analytischer Prozess. Man muss erst einmal damit „schwanger gehen". Empfangen, tragen, sich vertraut machen und später dann schauen, was gut ist und was jetzt ansteht, denn schwanger zu gehen mit etwas ist ein sehr aktiver Prozess, auf den man Einfluss ausüben kann, den man aber auch selber nicht restlos bestimmen kann.

Also Raum schaffen und zuhören, was in der Seele umgeht, wonach sie verlangt, „dürstet", wohin sie uns zieht. Damit leben lernen, nicht im Sinne von „sich abfinden mit", sondern im Sinne erhöhter Aufmerksamkeit, Wachsamkeit auf Signale im Leben: auf Gedanken, die einem kommen, auf Empfindungen und Gefühle achten und auf das, was im Alltag geschieht. Alles, was im Alltag geschieht, hat eine Resonanz in der Seele, sie gilt es zu hören, zu erspüren. Dafür ist Stille nötig, äußere Stille, das habe ich bereits angesprochen, vor allem aber ein Gespür für das Stille, das Eigentliche im Menschen. Stille ist kein Selbstzweck, sondern nur ein Portal dahin, empfindsam zu werden für die Bewegungen der Seele. Ich kenne auch „laute" Menschen, die vor lauter(!) Herzlichkeit regelrecht übersprühen und die sehr nahe an dem sind, wer sie wirklich sind, weil sie ein ganz direktes Gefühl und Empfinden, einen regelrechten „Blick" dafür haben, welcher Wesenskern in einem Menschen steckt und was der Kern der Dinge ist.

Das ist oft auch einfach eine Frage des Temperaments. Persönlich gehöre ich eher zu den „stillen" Menschen, aber im Grunde ist es völlig egal, welchen Weg man geht, auch wenn ich zugeben muss, dass es mir manchmal schleierhaft ist, wie anders manche Menschen leben können und sich eben doch in eine Richtung bewegen, die ihrer Seele Rechnung trägt und nahe ist. Das kennt vermutlich jeder ein wenig: dass man sich wundert, dass andere Menschen anders leben können als man selbst – was ja deshalb nicht falsch sein muss. Mag sein, dass es da „Naturtalente" oder „reife Seelen" gibt, keine Ahnung, aber es ist schön und bereichernd, gerade auf solche Menschen zu treffen, die ganz anders sind und mit denen man doch einen Gleichklang findet. Man spricht landläufig von „Seelenverwandtschaft“. Das Schöne ist, dass es passieren kann, dass man sich gegenseitig erkennt, sobald man einander näher oder wesentlicher in Kontakt kommt. Man versteht sich dann womöglich auf einer Ebene, von der man früher kaum ahnte, dass es sie gibt. Dieses Einander-Erkennen vertieft sich mit der Zeit, je weiter Sie auf diesem Weg des Seelenlauschens voranschreiten. Damit begründet man keine esoterischen oder geschlossenen Zirkel, sondern man erkennt andere Menschen einfach nur tiefer, weil man sich selber besser und tiefer kennengelernt hat, auch wenn sie z.T. auf ganz unterschiedlichen Wegen innerlich dahin gekommen oder gewachsen sind, bestimmte Dinge wahrzunehmen, die im Alltag nicht einfach so sichtbar sind. Sie führen ein geistliches oder spirituelles Leben, nicht neben ihrem „normalen“ Leben, sondern mittendrin, sozusagen mittels dessen, denn es gibt keine andere Wirklichkeit als die, in der wir leben. Wichtig dabei ist ihnen nicht, dass sie selber es sind, die etwas wahrnehmen oder ergründen, was andere so (noch) nicht erfahren haben, sie sind keine „Seher“, die anderen ihre Aura zeigen und sich selbst als etwas Besonderes aufspielen, sondern es geht ihnen darum, dass sie weiterkommen, zu neuer Tiefe, neuer Erkenntnis gelangen. So gibt man Erfahrungen weiter und freut sich, dass man nicht alleine ist, hilft sich gegenseitig ein bisschen. Menschen, die darin weiter fortgeschritten sind, können andere mitnehmen, sie sind stille Lehrerinnen und Lehrer geistlichen Lebens, keine Gurus, wohl aber Wegweiser. Nicht selten sind sie das unbewusst, einfach durch ihr Vorbild und dadurch, dass sie sind, wie sie sind. Ich persönlich habe so schon einige ausgesprochen integre Menschen kennengelernt, die in Kontexten leben, in denen ich so etwas gar nicht erwartet hätte. Manchmal ist es so wie im Alltag, wenn aus einem fetten SUV („das ist kein Auto, das ist eine Diagnose“) plötzlich wider Erwarten ein wirklich netter Mensch aussteigt.

Signale erkennen

Noch einmal für den Überblick: Das erste und wichtigste Signal haben Sie bereits erkannt: das leise Unbehagen, den Mangel, eine innere Unzufriedenheit, die Ausdruck einer tiefen Sehnsucht nach Seele ist, nach „Mehr“. Sie haben gelernt, dass es gut ist, diesen Mangel nicht gleich zu besänftigen oder zu befrieden, sondern ihn erst einmal als solchen wahrzunehmen, zu benennen und „damit zu leben“ im Sinne aktiver Empfänglichkeit. Dies setzt zugleich eine Menge an inneren Impulsen, Gedanken und Gefühlen frei. Man spürt, dass da etwas Wesentliches los ist, was gar nicht so alltäglich ist, obwohl es uns in aller Regel einfach in bestimmten Momenten im Alltag begegnet. Natürlich gibt es auch besondere Zeiten, die man sich schaffen kann, indem man mal eine Auszeit nimmt, sei es für ein paar Stunden oder für ein paar Tage oder länger. Auch ganz normale Urlaube sind Zeiten, in denen innere Impulse klarer spürbar werden oder sich eher

Gehör verschaffen können. Wichtig ist, dass man weiter zuhört, an diesem Gefühl „dranbleibt“, die Aufmerksamkeit immer mal wieder, auch bewusst, darauf hinlenkt. Oder dass man, wie im ersten Kapitel beschrieben, in der kleinen alltäglichen Stille-Übung den Regungen und Bewegungen der eigenen Seele mehr und mehr auf die Spur kommt. Ich nenne diese kurze Übung im Alltag „die Zeit (oder die Übung oder das Gebet) der Stille und liebenden Aufmerksamkeit“, in der man gleichsam seine Seele abtastet, innerlich bei sich selber ist, auf das achtet, was in einem umgeht, was man wirklich fühlt und empfindet, was oft ein wenig versteckt ist unter dem, was uns im alltäglichen Leben beherrscht.

Um das zu praktizieren oder zu einer einfachen Gewohnheit zu machen, müssen Sie kein besonders guter oder begabter Mensch sein oder gar irgendeinen Tick oder einen Hang zu außergewöhnlichen Dingen entwickeln, ganz im Gegenteil, denn eigentlich ist es vollkommen natürlich, sich selbst und den Bewegungen im eigenen Innern zuzuhören, ihnen zu lauschen, damit zu leben, „schwanger zu gehen“ und dann entsprechend Kurs zu setzen und zu handeln. Dies alles mag zwar unserer heutigen, vermehrt schnelllebigen Zeit etwas entgegenstehen, aber es gehört nicht zum Programm, unbedingt anders als andere zu sein oder sich gegen das „normale“ Leben zu widersetzen. Warum auch? Wir sind nun mal in dieser Zeit geboren, in der wir jetzt leben. Da mag man sich sehnen nach der „guten alten Zeit“ – eine gebräuchliche Wortfolge, die aber sehr oft, eigentlich fast immer, im Gegensatz zur Realität steht, weil es halt nur die Abstraktion der Erinnerung ist, die aus „alt" auch „gut" werden lässt. In Wahrheit war und ist sie insgesamt gar nicht so viel anders oder besser, denn jede Zeit hat ihre eigenen Herausforderungen, Möglichkeiten und Unmöglichkeiten. Dasselbe gilt, wenn man sich optimistisch in eine nahe oder ferne Zukunft projiziert, in der womöglich alles besser wird, die Menschen vernünftiger miteinander umgehen oder die technischen Möglichkeiten so weit fortgeschritten sind, dass sie uns das Leben mehr und mehr erleichtern – im Grunde alles Kokolores, denn wir leben nun mal jetzt, in dieser Zeit, und wir haben keine andere.

Die Signale und Bewegungen der Seele erkennen heißt nicht, dass da etwas Außergewöhnliches geschehen muss, sondern es geht mehr darum, dass man das, was man ganz alltäglich erfährt, so weit ergründet, dass man spürt, was es mit einem macht, welche Regungen es hervorruft, welche Resonanz es im Innern findet, was in der eigenen Seele umgeht, was einen innerlich wirklich beschäftigt, und eben nicht nur in Gedanken. Dies gilt es immer weiter und tiefer zu hinterfragen, bis man mehr und mehr auf den Boden dessen gelangt, was wesentlich ist. Wenn mich beispielsweise diese Unruhe erfasst hat, dieses vage Gefühl, dass dies doch noch nicht alles sein kann, dass es „mehr" geben muss, dann kann ich dem nachspüren, was dieses „Mehr" denn sein könnte, was damit gemeint ist: ob es ein Mehr an Befriedung oder innerer Ruhe ist, an Freiheit, womöglich an Sinnhaftigkeit oder ein Mehr an Intensität, an Lebenslust oder was auch immer. Und wenn es das dann ist, wäre die nächste Frage, was damit gemeint ist: Was meine ich denn mit einem Mehr an Befriedung, einem Mehr an Freiheit, an Sinnhaftigkeit, Intensität oder Lebenslust? Es ist wichtig, dies nicht nur isoliert mit dem Kopf zu hinterfragen, sondern dabei auch ganz in sich hineinzuspüren, ob es einem „Bauchschmerzen" macht oder „auf die Nerven geht". Wenn es einem Kopfschmerzen bereitet, so ist dies oft ein Zeichen, dass man zu verkrampft damit beschäftigt ist. Dann ist es besser, mal eben loszulassen für ein paar Stunden oder Tage oder für eine Nacht und es dann noch einmal neu aufzugreifen.

Wie dem auch sei: Es gilt, dem, was einen beschäftigt, so tief wie möglich auf den Grund zu gehen, es zu hinterfragen auf etwas Wesentliches, was dahintersteckt – was manchmal durchaus etwas anderes ist als das, was man ursprünglich gespürt oder bemerkt hat. So kann es z.B. durchaus sein, dass hinter einem Gefühl von Ärger oder Wut die eigene Angst zum Vorschein kommt, die womöglich ganz andere Ursachen hat, oder dass mich etwas (oder jemand) besonders anzieht und ich dahinter mein Verlangen nach Lebendigkeit erspüre. Hier bewegen wir uns vorerst durchweg noch eher auf der Ebene des Gemüts oder der Psyche. Dann gilt es weiter zuzuhören, zu lauschen, was sich denn an innerer Bewegung und Verlangen darin oder dahinter verbirgt, was dies im Innern hervorruft: Was beschäftigt mich denn daran so sehr? Was will mir dieser Impuls sagen, wohin führt er mich gedanklich oder im Gefühl? Damit kann man ruhig auch mal längere Zeit verbringen, im Alltag ein paar Tage damit im Hinterkopf weiterleben – es wird sich von selbst wieder melden, wenn man sich nicht allzu weit davon wegziehen lässt, sondern mit innerer Aufmerksamkeit begleitet, damit schwanger geht.

Entscheidungen treffen

Eine grundsätzliche Unterscheidung wird in diesem Prozess oft schon sehr schnell spürbar: Führt das, was mich da beschäftigt, zu mehr Leben, zu echter Freude und Heiterkeit, zu innerer Ruhe und Gleichgewicht, oder führt es mich zu weniger Leben, zu mehr Angst, zu Leblosigkeit, Leere, Trübsal? Führt es mich mehr zu mir selbst hin oder weiter von mir weg? Führt es mich zu mehr Tiefe oder zu mehr Oberflächlichkeit? Das kann man im Grunde sehr leicht spüren und ergründen. Es ist gut, dem dann auch weiter nachzuhorchen, denn manchmal erscheint ein Wolf im Schafspelz, gaukelt uns Frieden und Lebendigkeit vor, um sich dann irgendwann zu enttarnen und umso mehr Leere und Trostlosigkeit oder Hass und Wut zu verbreiten. Daraus muss man keine Wissenschaft oder Lehre machen, es reicht völlig, wenn man darin ganz ehrlich vor sich selber ist und jederzeit bereit, Erreichtes oder Erkanntes wieder in Frage zu stellen, um Neues zu lernen, sich innerlich wie äußerlich nichts vormachen zu lassen. Das ist etwas, was einen permanent begleitet, und Sie werden nach einiger Zeit feststellen, dass Sie immer mehr Erfahrung darin sammeln und wie von selbst weiterkommen. Es ist anfangs schon mal ein wenig zäh, aber so lernt man, Gefühle zu erkennen, auf ihre Resonanz in Körper und Geist zu achten, sie mehr und mehr zu hinterfragen bis „hinter" die Ebene des Psychischen, hin auf das, was einen tief im Innern bewegt.

Und während man sich dies fragt – konzentriert oder immer mal wieder einfach so zwischendurch –, läuft das ganz normale Leben ja weiter. Manchmal kann dann auch etwas, was im Alltag geschieht, in der eigenen Wahrnehmung zu etwas Wegweisendem werden, sodass man auf einmal ein starkes Gefühl dafür hat, „weiß", in welche Richtung man sich bewegen muss. Man „liest" in dem, was ganz alltäglich geschieht, und hat mehr und mehr Gespür dafür, wie man selber dasteht, was einen wirklich beschäftigt und wo der Kurs hingeht. Ich meine jetzt nicht, dass ein zufälliges Ereignis zu einem „Zeichen" des Himmels wird, das quasi von außen als ein Wink des Schicksals uns die Entscheidung mehr oder weniger abnimmt und den Kurs weist. Das mag es vereinzelt geben, aber es ist eher eine Ausnahme, und zwar eine ganz, ganz seltene, auch wenn tausend Illustrierte das Gegenteil behaupten mögen. Da gibt es neben Glauben halt auch sehr viel Aberglauben. Ereignisse, „Fügungen" und bestimmte Gedanken oder Gefühle, die sie in einem hervorrufen, können zeichenhaft sein, aber das sind sie im Normalfall erst dann, wenn sie nicht alleine stehen; wenn sie im inneren Kontext zu uns sprechen, für uns symbolhaft Bedeutung gewinnen, weil sie für etwas Inneres stehen und uns so etwas zu sagen haben, sodass wir das Gefühl haben, dass wir uns danach richten können – immer mit der Vorsicht und mit ein wenig Skepsis, dass es sich auch um eine Tarnung handeln könnte, den erwähnten ‚Wolf im Schafspelz'. Viel entscheidender ist es, feinfühlig zu werden, ein Gespür dafür zu entwickeln, was wichtig und bedeutsam ist. Wenn man einfach mal gedanklich unterstellt, dass nichts oder wenig im Leben zufällig ist, aber auch nichts oder noch weit weniger im Leben eine von außen kommende, zeichenhafte Weisung beinhaltet, die ein irgendwie mythisches „Schicksal" oder eine naiv vermutete Fügung „schickt", weil es „wohl so sein muss", dann wird man ein gutes Maß und ein durchaus nüchternes Empfinden dafür entwickeln, was jetzt dran ist, welcher innere Schritt als nächster ansteht. Man lernt immer ein bisschen mehr, den Alltag zu deuten, zu „lesen"; zu unterscheiden, was weiterführt und was nicht; was darin eine wichtige Rolle spielt und was nicht; wer einem innerlich nahesteht und an wen man nur oberflächlich gebunden ist – man muss schließlich nicht mit jedem alles können.

Wenn man sich dann weiterbewegt, womöglich Entscheidungen trifft und Weichenstellungen vornimmt, dann ist es wichtig, immer weiter zu lauschen, am Anfang wie auch in der Mitte und bis zum Ende hin. Es gibt ja Menschen, die immer dann, wenn sie sich für oder gegen etwas entschieden haben, sofort von Zweifeln befallen werden und dann meinen, dass sie von zwei Möglichkeiten genau die falsche gewählt haben. Der Satz dazu lautet: „Das Gras ist auf der anderen Seite immer grüner", will sagen: Gerade habe ich mich für die eine Seite entschieden, da sehe ich, dass es an der anderen Seite doch besser gewesen wäre. Das ist also Unsinn. Das Gras ist auf der anderen Seite nicht grüner, sondern es ist ganz wichtig, selbst hinter einmal getroffenen Entscheidungen zu stehen. Viele Entscheidungen im Leben sind sogenannte 51 Prozent-Entscheidungen, also solche, die auch fast genauso gut in die andere Richtung hätten ausfallen können. Das ist völlig normal, und wenn man sich schließlich für etwas entschieden hat, dann hat man („Anfang") auch erst einmal dahinterzustehen, um nach einiger Zeit („Mitte") auf das Echo im Leben und im eigenen Innern zu hören und anhand dessen die Entscheidung zu bekräftigen oder ggf. zu revidieren. Das kann man aber erst, wenn man sie einige Zeit mit ihren Konsequenzen durchlebt hat.

Es ist übrigens nicht wahr, dass Zweifel einen „befallen". Die stehen schließlich nicht irgendwo in der Ecke herum und warten nur darauf, dass sie sich auf uns stürzen können, sondern sie sind Ausdruck unserer eigenen Ängste, mehr nicht. Sie befallen uns nicht, sondern wir treffen eine Entscheidung, und anstatt sie mutig durchzuziehen, zweifeln wir an uns selbst und stehen mit schlotternden Knien daneben. Ein bisschen

Mut ist da besser, selbst dann, wenn sich später (!) herausstellen sollte, dass es tatsächlich die falsche Entscheidung war. Sie werden sehen, dass sich dann, wenn Sie sich hinter Ihre eigenen Entscheidungen stellen, die Dinge und Ereignisse im Leben tatsächlich – und zwar in einem anderen Sinne als vorhin – „fügen". Das liegt nicht an einer von außen kommenden himmlischen Eingreiftruppe, sondern es liegt daran, dass Sie durch Ihre Entscheidung eine klare Linie gezogen haben und selbst eine andere, klarere Perspektive gewonnen haben, in der Dinge und Ereignisse einen etwas anderen Sinn oder Platz bekommen. Dies ist ganz oft so, es ist gleichsam der Lohn für den Mut. Die innere Klarheit führt oft auch zu Klarheit im Leben. Gerade bei grundlegenden Richtungsentscheidungen ist es wichtig, dann weiter aufmerksam zu bleiben, nicht um die getroffene Entscheidung wieder in Frage zu stellen – eine Revision wäre ein Notsprung und eben wirklich nur im klaren Notfall angesagt –, sondern um die Auswirkungen weiter im Blick zu behalten und gegebenenfalls beizusteuern. Denn es kann durchaus passieren, dass bei einer getroffenen richtigen Entscheidung sich gleichsam durch die Hintertür („Ende") Dinge einschleichen, die sie doch wieder relativieren.

Mal plakativ vereinfacht: Der Teufel hat starke Lobbyisten, die getroffene Entscheidungen immer wieder ein klein wenig aufweichen und noch ein bisschen mehr, bis schließlich kaum mehr etwas davon übrig bleibt oder die Entscheidung gar in ihren Auswirkungen ins Gegenteil verkehrt ist.

Bodycare

Zwischendurch einmal kurz zu einer Frage, die viele im Zusammenhang mit dem Seelenleben beschäftigt: Wie verhält es sich denn nun mit „Leib und Seele“, genauer mit Körper und Seele? Bitte erwarten Sie jetzt keine wissenschaftlich-philosophische Auseinandersetzung über das Verhältnis der beiden und eine belegbare Antwort darauf, ob die Seele auch komplett unabhängig vom Körper existiert oder nicht. Mir geht es mehr um Deutung von Erfahrungen und den Umgang damit. In welchem Zusammenhang Körper und Seele genau stehen, darüber sind sich die Gelehrten nicht so ganz einig, und am Ende weiß es keiner mit absoluter Sicherheit zu sagen; das liegt in der Natur der Sache. Man mag das so deuten, dass die Seele im Körper regelrecht „eingesperrt“ ist, weil sie eigentlich viel größer ist, aber solange wir leben, nicht über diese Begrenzung hinauswächst. Oder wer schon einmal einen Menschen hat sterben sehen, hat womöglich den Eindruck gewonnen, dass die Seele den Körper „verlässt“, dass sie mit dem letzten Atemzug „ausgehaucht“ wird, wobei dann bei der Geburt Vergleichbares gleichsam andersherum geschieht. Andere meinen, dass die Seele „inkarniert“ ist, was wörtlich so viel heißt wie dass sie im Körper „Fleisch geworden“ ist. Oder man sagt – ein Bild, das ich persönlich sehr gerne mag, weil es so wertschätzend ist – dass der Körper der „Tempel“ der Seele ist. Was all diese unterschiedlichen Deutungen sagen, ist, dass Körper und Seele nicht identisch sind, wohl aber in einem starken und sehr engen Zusammenhang stehen, und dass beide tragender Teil unserer Identität sind: Wir sind, was wir sind, in Körper und Seele. Wohlgemerkt, ich meine hier nicht nur die im ersten Teil des Buches angesprochene Ebene der Psyche mit all ihren Erfahrungen, Einflüssen etc., sondern die darunterliegende Ebene der seelischen Identität, in der wir ganz einzigartig wir selbst sind und zugleich Anbindung haben an etwas, das weit größer ist, als wir es sind, dessen Teil wir sind oder besser: das wir (auch) selber sind, wissend, dass hierbei in der Deutung jedes Wort zu kurz greift.

Für unsere Erfahrung reicht es erst einmal festzustellen, dass wir unserer Seele in diesem unserem Körper und in dieser Welt zu dieser Zeit begegnen. Ich rede also nicht von irgendwelchen vor- und nachzeitigen Parallelwelten oder von Engelwesen, die von außen kommend in unser Leben hineinwirken. Ich weiß nicht, ob es das gibt oder nicht gibt, ausschließen kann man schließlich nur sehr wenig, aber das allein belegt noch nicht die Existenz. Das möge jede/r für sich halten, wie er oder sie es will. Wichtig ist mir hier nur der Kontext, in dem wir unsere Seele wahrnehmen, sie erfahren, und das ist dieses eine Leben, das wir hier „auf Erden“ haben, in das wir hineingeboren sind und das wir irgendwann in naher oder ferner Zukunft wieder verlassen werden, egal ob man an ein „Weiterleben“ in irgendeiner Form glauben mag oder nicht. Letzteres ist meines Erachtens eh eine reichlich überschätzte und meist sehr „irdischen“ Vorstellungen verhaftete Frage. Ich nehme einfach mal für ziemlich sicher an, dass das, was solch ein „Weiterleben" ausmacht, weit über das hinausgeht, was wir uns vorstellen können; es ist im vollen Sinne unvorstellbar, wir können uns davon keine rechte Vorstellung machen. Man mag ab und an eine leise Ahnung, einen Funken davon auffangen, aber mit Verlaub: Was ist ein Funken im Vergleich zu einem Feuerball wie der Sonne, die ja auch wiederum nur eine von unendlich vielen Sonnen ist, wenn man den Wissenschaftlern glauben mag? Es spielt gar keine so große Rolle, was unsere Vorstellungen von Kontinuität oder Diskontinuität sind, sprich von „danach", von „weiter" oder „ganz anders". Bleiben wir einfach bei unserer „diesseitigen" Erfahrung, die in manchen Momenten ein wenig an das tippt, was womöglich „jenseitig" ist, oder zumindest an das, was ein klein wenig mehr ist als das, was wir selber produzieren, „machen" können.

Was wir als Seele wahrnehmen und erfahren, das tun wir mit unseren Sinnen und mit und in unserem Körper. Aber wir sind dabei nicht auf unseren Körper beschränkt, weder in unserer Existenz, weil wir immer schon mit anderen und in einem zeitlichen Kontext leben, noch in unserer Erfahrung, die weit über das hinausgeht, was unser Körper spürt oder erfährt, manchmal auch erduldet. Wir haben unseren Körper, aber wir *sind* auch dieser Körper in diesem Leben, in diesem Kontext, auf dieser Welt. All unsere Gedanken und Empfindungen sind nicht losgelöst davon zu bekommen, sie sind immer gebunden. Das muss ja nicht falsch sein. Manche sind ausgesprochen froh darum, andere müssen sich eher ein wenig damit abfinden, oft geht auch beides zusammen. Gedanken und Gefühle werden immer auch von Körperempfindungen begleitet, die mal mehr, mal weniger in den Vordergrund treten. Allein schon dass man sich bei dem einen oder anderen Gedanken wohl fühlt oder eher unwohl oder dass man unruhig wird bei etwas oder es andersherum zur Beruhigung beiträgt.

Wir kommen unserer Seele also nicht losgelöst von unserem Körper und unserer Welt nahe, was aber nicht bedeuten muss, dass sie für immer und überall daran gebunden ist. Körper ohne Seele ist leblos oder maschinell oder ein Bündel neurologisch verknüpfter Empfindungen. Unser Körper ist verknüpft mit unserer Seele und bietet uns in seiner Wahrnehmung mit seinen Sinnesorganen und Empfindungen die Möglichkeit, etwas über unsere Seele, über das, was wir „wesentlich" sind, zu erfahren. Deshalb ist es wichtig und auch richtig gut, sich in seinem Körper zu Hause zu fühlen und darin beheimatet, damit identifiziert zu sein. Das ist nicht immer nur einfach, gerade in Verbindung mit Gebrechen gleich welcher Art. Aber zugleich bietet uns der Kontakt mit unserer Seele auch die Möglichkeit, über das, was unserem Körper und der Welt, in der wir leben, anhaftet, hinauszusteigen, es zu übersteigen und uns ein wenig davon zu lösen – nicht ganz, aber ein bisschen. Und natürlich hat das, was körperlich geschieht, auch Einfluss auf unsere Seele, aber es bestimmt damit noch nicht alles.

Über viele Jahrhunderte hat man die Seele als das „Eigentliche" des Menschen, das Geistige, das Göttliche, gleichsam losgelöst vom Körper betrachtet. Ich möchte sie lieber im Zusammenhang mit unserem Körper betrachten, denn darin ist sie geborgen, aufgehoben, daran ist sie auch gebunden, so wie und so weit sie in Raum und Zeit existiert. Deshalb tun wir gut daran, gut zu unserem Körper, zu uns selbst, zu sein, ihn zu versorgen, uns darin heimisch zu wissen und zu fühlen. Dafür kann man auch gut und gerne etwas extra tun, es muss ja nicht gleich in Fitnesswahn und Körperkult und ständige Selbstoptimierung übergehen. Aber Sport ist auch für die Seele nicht falsch, ebenso wie gute Ernährung – wobei Sie sehr schnell sehen werden, dass die Erfahrung der Seele dies wiederum auch unterstützen kann, denn Körper und Seele bilden über die Psyche eine Einheit, auch wenn sie bei weitem nicht identisch sind. Es erleichtert eine Menge, wenn man sich in seinem Körper zu Hause weiß und dafür Sorge trägt, und ich behaupte einfach mal, dass ein gewisses Maß an Selbstliebe und Selbstfürsorge auch für die Seele gut ist. *So take care of your body*, seien Sie gut zu sich und Ihrem Körper. Leibfeindlichkeit eröffnet nicht den Weg zum Wesentlichen, sondern sie kann ihn regelrecht behindern. Wobei ich z. B. eine klösterliche Disziplin und Selbstzucht oder gar Enthaltsamkeit auch im ganz normalen Leben nicht unter Leibfeindlichkeit subsumiere, es gibt halt sehr viele Wege zu dem, wer wir selber sind, und man merkt selber, ob man dabei für oder gegen sich selbst agiert.

Mir scheint es jedenfalls wichtig, den eigenen Körper zu akzeptieren und auch zu achten, ihn wenn möglich dankend anzunehmen und zu pflegen, denn er ist gleichsam das „Haus“, der „Tempel“, in dem wir sind. Manche bevorzugen dabei eine eher karge Einrichtung, andere eine üppige – wichtig ist, dass man sich darin so weit wie möglich zu Hause weiß.

Reifen – das eigene Tempo der Seele

Nach diesem kleinen Exkurs über Körper und Seele kehren wir jetzt zurück zu unserer seelischen Entwicklung, zu dem Weg, auf den wir uns eingelassen haben und auf dem wir voranschreiten, vorankommen wollen. Manchmal kann man schon ein wenig ungeduldig werden, und das nicht nur, wenn man sich nach einiger Zeit dabei ertappt, dass man alte Schwächen und Angewohnheiten immer noch nicht losgeworden ist. Der Seelensehnsucht zu folgen macht einen nun mal nicht per se zu einem tugendhafteren oder moralisch besseren Menschen. Es geht nicht um eine innere Selbstoptimierung, wohl aber darum, näher zu sich zu finden, mehr „man selber“ zu sein und damit der eigenen Bestimmung, der einen und einigenden Liebe näherzukommen. Das ist vermutlich ein lebenslanger Prozess, und am Ende wird man nicht am Ziel sein, wohl aber diesem Ziel ein wenig nähergekommen sein. Lohnt sich trotzdem, weil es wirklich wesentlich und echt ist, weil man spürt, dass dies Leben im eigentlichen Sinne ist, weil man „viel mehr“ lebt. Man kann es aufschieben, vor sich herschieben und sein Leben in gewisser Weise verplempern, aber im Grunde ist es unausweichlich, sich dieser wesentlichen Entwicklung zu stellen und sie mitzuvollziehen.

Unterwegs wird man, so habe ich festgestellt, tatsächlich mitfühlender. Dies entspringt vermutlich der Übung im Nachhorchen und Lauschen im eigenen Innern und im Leben rundum, in der Empathie gegenüber Menschen und Dingen. Denn nur was man bei sich selber entdeckt und kennt, erkennt man auch bei anderen. Man lernt, sich mehr in andere Menschen und Lebewesen allgemein einzufühlen, sie in ihrer akuten Konstellation zu erkennen und zu betrachten. Doch es ist nicht nur die Übung, sondern man kommt auch in andere Stadien, höhere Reifegrade. Es gibt so etwas wie eine geistliche oder seelische Entwicklung, ein Voranschreiten im Erkennen, im Zu-sich-selber-Finden. Darin sind auch nicht alle Menschen gleich weit in ihrer Entwicklung. Dabei geht es um mehr als „authentisch sein“ – das liegt eher auf der Ebene der Psyche und ist eine wichtige Qualität im Leben. Im Bereich der Seele aber bedeutet es, näher an dem zu sein, wer man eigentlich ist, wer man – und das ist wirklich kaum zu erklären – in Liebe sein kann oder sein soll. Der Bezug ist nicht ein wie auch immer erfahrenes oder gespürtes Ich, sondern ein Potenzial, das einen anderen Bezug hat als das eigene Ich, das einen viel größeren, universellen Bezug hat, den man nur erahnen kann. Menschen, die tiefergehende Nahtoderfahrungen erlebt haben, haben oft eine Ahnung davon mitbekommen und sind sich subjektiv sicher, dass sie in Liebe aufgehoben sind und dass sie „da“ ganz der oder die sind, die sie „wirklich“ sind. Für „Normalverbraucher“ mag das faszinierend klingen oder ein wenig verrückt, aber es ist einfach etwas daran, dass es mehr gibt und dass wir mehr sind als das, was wir gemeinhin wahrnehmen oder sehen und erkennen; dass es so etwas gibt wie eine „große“ oder „universelle“ Seele, deren Teil wir sind, besser: die wir selber sind. Dem kann man auch ohne Nahtoderfahrungen oder Visionen und auch ohne mönchhafte Tugend näherkommen. Ich werde darauf im dritten Teil noch genauer eingehen, und ich verspreche Ihnen schon jetzt: Ich bin und werde dabei nicht abgehoben oder „spinnert“, keine Sorge, wir bleiben mit beiden Beinen auf dem Boden.

Aber es ging ja gerade erst einmal um Entwicklung und Fortschritte auf diesem „Weg“ – was wiederum nur ein Bild ist für eine Entwicklung, die übrigens eher spiralförmig als linear oder gar geradlinig verläuft. Das Bild einer spiralförmigen Entwicklung entspricht eher meiner Erfahrung, weil man immer wieder auf dieselben oder ähnliche Themen und Fragen kommt, aber mit der Zeit auch weiter darin vordringt, vorankommt. Es gibt dabei tatsächlich Fortschritte, aber es gibt merkwürdigerweise, zumindest soweit ich es erfahren habe, keine wirklichen Rückschritte. Was es gibt, sogar sehr häufig, ist Stillstand, keine weitere Entwicklung, Aussteigen aus dem Prozess, sogar Abkehr davon – aber wenn man dann sozusagen „zurückkehrt“, den Faden oder die Entwicklung wieder aufgreift, dann ist man sehr schnell wieder an dem Punkt, an dem man „aufgehört“ hat oder abgesprungen ist oder was auch immer. Man hat halt in der Zwischenzeit andere Dinge getan, die vielleicht nötig und sinnvoll waren, mag sein, oder man hat diese Lebenszeit vielleicht auch nur irgendwie vertan und sich Dingen gewidmet, die nur scheinbar wichtig waren.

Was mich aber manchmal schon sehr erstaunt, um nicht zu sagen regelrecht ärgert, ist das bereits angesprochene, für mein Empfinden oft unglaublich langsame Tempo, in dem solch eine Entwicklung, die Reifung der Seele, stattfindet. Die Seele ist wirklich eine lahme Ente, ich kann es nicht anders sagen. Ab und an muss ich zugeben, dass es auch gut so ist, weil sie viel gründlicher und allumfassender voranschreitet, als es mein beschränktes Hirn und meine womöglich trübe Wahrnehmung sich vorstellen können. Das sind dann kurze, wenn auch tiefgehende Momente des Einklangs. Aber die meiste Zeit geht mir dieses eigene Tempo der Seele schon ziemlich auf den Geist. Vielleicht beruhige ich mich ja mal irgendwann und lache dann über meine eigene Kleingeistigkeit und meine beschränkte Sicht der Dinge, aber vorerst ist es für mein Empfinden so: Die Seele bewegt sich noch im steinzeitlichen Tempo, und Steinzeit ist langsam.

Übrigens, wenn man wirklich im Einklang mit sich und dem Leben ist und ein wenig mehr Gespür dafür oder eine leise Ahnung davon bekommt, wie groß und allumfassend die eigene Seele wirklich ist, dann spielt „Zeit“ keine so wichtige Rolle mehr. Dann wird klar, dass ich sehr wohl etwas dafür tun kann, innerlich auf diesem geistigen Weg voranzukommen, aber zugleich sehe oder spüre ich auch, wie klein und nichtig das eigene Bemühen wiederum ist, egal ob „schnell“ oder „langsam“. Ich vergleiche diese Erfahrung gerne mit der Polderlandschaft in den Niederlanden, wo ich einige Zeit gelebt habe. Dort hat man mit einer schier unglaublichen und umfassenden technischen Meisterleistung dem Meer, der Nordsee, eine ganze Menge Land abgetrotzt – imponierend, zumal wenn man sich dann anschaut, wie eben diese Polder, die ja großflächig ausgebaut sind mit Straßen und Autobahnen, ganzen Siedlungen und Städten, die de facto komplett unter dem Meeresspiegel liegen, dann im Weiteren gegen Überflutung geschützt werden. Das ist sehr beeindruckend, auch und gerade für einen Laien. Aber was bitte sind diese paar Quadratkilometer im Vergleich zu den Ozeanen, die unsere Welt bedecken? So etwa empfinde ich meinen Fortschritt, meinen „Landgewinn“ im Verhältnis zu dem, was dahinter liegt. Doch ich bleibe dabei: Jeder Fort-Schritt lohnt die Mühe. Die innere Ausrichtung auf das, was einen weiterbringt, die Hellhörigkeit und das wachsende Empfinden für das, was Seele ist und wohin sie einen zieht, das ist mit nichts einzutauschen, es ist echtes Leben, und das spürt man auch. Zudem öffnet es einem die Augen für Zusammenhänge, die andere nicht oder weniger deutlich sehen. Leben wie Lieben muss man lernen, auch wenn alles dafür immer schon vorhanden ist. Aber es macht auch Mut.

Die Seele baumeln lassen?

Die Seele baumeln lassen – okay, das ist ein Bild dafür, dass man sich mal für eine begrenzte Zeit in die Hängematte legt, den Druck herausnimmt, nichts „muss" und überhaupt mal wieder ein bisschen zum Denken kommt, besser gesagt: zur Wahrnehmung seiner selbst. Solch eine Unterbrechung tut gut, Entspannung ist eine gute Voraussetzung dafür, etwas mehr zu sich selbst zu kommen, aber sorry: Ich will doch nicht, dass meine Seele „baumelt" und irgendwo freischwebend und orientierungslos in der Gegend herumhängt oder wie ein Fähnchen im Wind weht – um Himmels willen! Und nötig ist das schon gar nicht.

Die Seele muss nicht „baumeln", sie braucht ein wenig Aufmerksamkeit, im besten Fall etwas Fürsorge und Nahrung. Für die Aufmerksamkeit ist es gut, wenn man sich mal Zeit nimmt, den Druck herausnimmt, auch und vor allem den, den man sich selber macht. Dafür muss man nicht gleich in den Urlaub fahren, aber wenn man das eh schon vorhat, dann kann man die Gelegenheit natürlich nutzen, etwas mehr darauf zu achten, was denn in einem selber umgeht, von „Außensteuerung" auf „Innensteuerung" umzuschalten. Dass man sich im Alltag eher als von außen gesteuert erfährt, das passiert auch den Besten, denn das geschieht oft nicht einmal so sehr dadurch, dass *andere* Ansprüche an einen stellen, beruflich wie privat, sondern meist viel mehr noch durch die eigenen Ansprüche und Ziele, die man hat oder sich selber setzt. Wenn man denen dann im Einzelnen nachgeht, wird man sehr oft feststellen, dass es sich um Normen oder Befehle und „Glaubenssätze" aus jungen Jahren handelt.

Zum besseren Verständnis: Glaubenssätze haben mit Religion nichts zu tun, sondern es sind (falsche) Überzeugungen, die man durch Erfahrung und Druck von außen gewonnen und verinnerlicht hat, etwa der Art: „Ich bin nur etwas wert, wenn ich etwas erreiche" oder: „Indianer weinen nicht" oder: „Ich werde nur geliebt, wenn ich mich anstrenge". Im Erwachsenenleben führt das dann dazu, dass man sich grundsätzlich immer anstrengt, immer irgendein Ziel vor Augen hat, sich selber Druck macht. Das kostet eine Menge Energie, geht auch ein wenig an einem selbst vorbei, andererseits gibt es einem auch ein Korsett, eine gewisse Struktur für den Alltag und damit auch Halt in dem Wirrwarr der vielen Möglichkeiten und Entscheidungen. Man steht immer ein bisschen unter Strom, und es tut gut, diesen Stromkreislauf ab und an zu unterbrechen.

Spannung zu unterbrechen ist sicherlich „gut für die Seele", will sagen für die Wahrnehmung dessen, was denn in der eigenen Seele wirklich umgeht. Das kann bewusst geschehen mit ein paar freien Tagen oder einem Wochenende oder wenigstens mal einem freien Sonntag; es geht aber auch quasi nebenbei in kurzen

Momenten im Alltag. Ich behaupte mal, dass Letzteres eigentlich mehr der Normalfall ist, zumindest wenn man sich ein bisschen darin übt und so etwas wie eine zuhörende, „lauschende“ Grundhaltung entwickelt. Man ortet sich quasi wieder ein bisschen neu, sucht oder verbessert die innere Peilung, macht sich vielleicht auch mal explizit Gedanken über das eine oder andere.

Eine solche innere Standortbestimmung ist etwas, was man ruhig regelmäßig machen sollte – immer mal zwischendurch und wenn es sich gerade ergibt, z. B. in einem intensiven und vertrauten Gespräch, aber einmal im Jahr ganz explizit; damit habe ich zumindest bis dato ausgesprochen gute Erfahrungen gemacht. Dazu nehme ich mir einmal im Jahr ein paar Tage frei, meist eine ganze Woche, aber je nachdem tun's auch vier oder fünf Tage oder auch nur ein verlängertes Wochenende. Dann ziehe ich mich zurück, ganz gezielt, niste mich irgendwo ein, wo ich mehr für mich allein bin, einigermaßen gut (oder selbst) versorgt, wo ich Möglichkeiten habe, spazieren zu gehen und wo es still ist oder wo es zumindest einige Orte der Stille in der näheren Umgebung gibt. Manchmal bleibe ich auch zu Hause, wenn gerade sonst keiner da ist, aber dann umzuschalten, das Handy und den Rechner wirklich auszulassen, das fordert schon eine Menge Disziplin. Leichter ist es, wenn man so etwas z. B. in einem Kloster oder Tagungshaus macht. Dort gibt es oft ein entsprechendes Angebot für ein paar Tage in Stille oder angeleitet als „Exerzitien“ – ein eher strenges und abschreckendes Wort, wie ich finde, was aber im Grunde nichts anderes als „Übungen“ bedeutet. Dabei gibt es dann immer auch ein Angebot für Begleitgespräche, die gerade für (noch) Ungeübte sehr zu empfehlen sind, aber es geht auch gut ohne, wenn man denn ohne konkrete Anregungen und Anweisungen auskommt. Manchmal fahre ich auch im Winter in ein kleines Sporthotel auf dem Lande, wo ich mitten unter fremden Leuten ganz für mich sein kann.

Solche geregelten Zeiten der Stille sind wirklich gut für die Seele, die da alles andere tut als „baumeln“, sondern im Gegenteil in ihren Signalen und Bewegungen befragt und abgetastet wird, die „Er-hörung“ findet, denn meistens spricht sie nur ganz leise und auch nicht immer so deutlich. Und wenn man dann den verschiedenen Bewegungen der Seele nachspürt, die Gedanken und Gefühle, die dies in einem weckt, zutage fördert, dann ist es gut, wenn man ab und an jemanden dabei hat, der mit über die Schulter schaut, der/die ein bisschen mehr Erfahrung damit hat und vielleicht Dinge hört und sieht, die einem selbst gar nicht so auffallen, einfach weil er/sie mal von außen mitschaut. – Wenn man dann nach ein paar Tagen in Stille wieder „in die Welt“ zurückkehrt, merkt man erst einmal, wie laut die ist! Was da alles auf einen eindringt und welche Energie man gleich wieder aufbringen muss, um sich ein wenig davor zu schützen. Aber man hat dann auch gelernt, genauer hinzuhören, man ist empfindsamer geworden. Mit etwas Übung im Laufe der Zeit lässt sich dieses feinere Empfinden dann auch mal gezielt „einschalten", ohne dass man gleich hyper-empfindsam wird und vor lauter Dingen, die auf einen einstürmen, gar nicht mehr weiterweiß. Dieses feinere, unterscheidende Empfinden geht quasi auf Standby, kann jederzeit aktiviert werden, ohne dass es erst lange hochgefahren werden muss, und man bekommt so eine Art Filter, eine Aufmerksamkeit, die von vorneherein schon auffängt und unterscheidet, was wichtig und was weniger wichtig ist, und die zugleich ganz empfindliche Antennen hat für Bewegungen, die in der Seele entstehen, sei es von innen heraus oder eben hervorgerufen durch Dinge, die von außen kommen. Und es gibt da auch so etwas wie „Erkennungssignale" anderen gegenüber, weil man sieht und spürt, wenn ein anderer eine ähnliche zuhörende, lauschende Grundhaltung entwickelt hat.

Solche Zeiten der Stille sind sehr, sehr kostbar. Ich persönlich möchte sie nicht mehr missen. Jede/r muss darin sein/ihr eigenes Maß finden. Manche brauchen mehr davon, andere weniger; wichtig bleibt aber, diese Stille auch irgendwie in den Alltag zu integrieren, sei es als explizite Übung oder als unterschwellige Aufmerksamkeit in allen Dingen – oft auch in Kombination. Dazu brauchen Sie nicht in ein Kloster einzutreten oder sich eine Kapelle zu suchen oder gar zu bauen. Ich selbst bin in so was ein Freund des ganz normalen Alltags, ohne viel Drum und Dran. Die Seele gibt sich im Grunde mit dem Alltag zufrieden! Natürlich ist es schön, wenn man in der eigenen Umgebung Orte hat, wo auch Stille herrscht oder eine besonders gute Atmosphäre oder wo man einen tollen Ausblick hat. Das kann eine Bank am Spazierweg sein, genauso wie eine Kirche oder Kapelle („Kraftorte") oder eine kleine Lichtung im Wald oder eine bestimmte Ecke in der eigenen Wohnung, wo man z. B. gerne Tagebuch schreibt oder wo man sich hinlegt und einfach ganz bei sich sein kann. Das kann einen sehr unterstützen, nicht mehr, nicht weniger.

Ähnlich ist es, wenn man sich bestimmte Zeiten setzt, um stillzustehen, nachzudenken, auf sich wirken zu lassen, zu reflektieren. Wichtig ist, dass es Orte und Zeiten sind, an und zu denen von außen nicht so viel auf Sie eindringt, wo Sie „abschalten" und für sich sein können, und sei es auch nur für ein paar Minuten am Tag und manchmal auch mitten unter den Leuten. Es wächst eine Art Grundaufmerksamkeit für das, was im Innern umgeht, ein Lauschen auf das, was passiert oder gleichsam zwischen den Zeilen hörbar wird, wenn man etwas hört oder erlebt: Was „be-deutet" das für mich? Wohin deutet es? Welche Gefühle, Gedanken, Resonanzen weckt es in mir? Die Sensorik dafür wird empfindsamer. Nicht in jedem Moment, wohl aber so, dass man ein Gespür für das entwickelt, was die Dinge, die man ganz alltäglich erlebt, mit einem machen, welche Bewegungen sie in der Seele in Gang setzen und wie die Seele selbst darauf reagiert und wohin sie selber einen zieht. Darüber gleich mehr im nächsten Kapitel, denn es gibt so etwas wie eine Sehnsucht *der* Seele, die ihr selber eigen ist und die nicht so sehr abhängt von äußeren Einflüssen.

Zeiten und Orte der Stille, entsprechende Momente im Alltag, geben der Seele Raum zur Entfaltung. Und es gibt auch Dinge, die ihr gleichsam regelrecht einen „Input" geben, die sie nähren. Das sind, wie kurz erwähnt, gute und vertraute Gespräche, die über das hinausgehen, was lieb und nett und wichtig ist, wo man sich wirklich „mit-teilt". Das ist Musik, die einen im Innern weckt und anspricht – das braucht beileibe nicht nur Klassik zu sein. Ich habe mal einem Konzert des Solo-Trompeters Markus Stockhausen beigewohnt, das nicht in einem Konzertsaal, sondern mitten in der Stadt an einer Rheinbrücke stattfand, wo es, in Dezibel gemessen, meistenteils sehr laut zuging und wo ich einfach nur ganz verwundert und andächtig dastand, weil dieser Mann in dem Moment wirklich die Stille in Ton setzte, vertonte – es war einfach unglaublich. Stille bemisst sich auch im Alltag nicht so sehr in Lautstärke, sondern in der Qualität des Zuhörens und dessen, dem man zuhört. Es ist aber auch eine inspirierende Lektüre von Büchern, die nicht ablenken, sondern einen zu sich selber führen. Ein altes Weisheitsbuch wie die Bibel eignet sich sehr gut dafür, vorausgesetzt, man macht sich auch ein wenig sachkundig, was diese alten Texte denn aus ihrem je eigenen Kontext heraus (be-)sagen wollen. Ähnliches gilt für den Koran und andere Weisheitsliteratur der Menschheit. Sie sind keine Gesetzestexte, sondern Erfahrungszeugnisse in ihrem Kontext und in ihrer Zeit, die auf etwas hinweisen, deuten, was auch in unserer Zeit und in unserem Kontext, in unserem Alltag, erfahrbar ist. Bilder und Kunst ganz allgemein können einen ähnlich leiten – sie können einen natürlich auch ablenken, das gilt für alles. Selbst die Natur oder die Faszination für einen Sternenhimmel können einen ablenken, ebenso wie sie einen mitnehmen können in dem Gefühl, Teil eines großen Ganzen zu sein, worin man aufgehoben ist. Man entwickelt mit der Zeit aber ein sehr klares Gespür für das, was einen weiterbringt und was einen ablenkt, was nicht wirklich wesentlich ist. Auf Letzteres kann man sich ruhig auch einmal einlassen – das Leben besteht nicht nur aus Wesentlichem, das wäre ja furchtbar –, aber es gilt, dabei wachzubleiben, sich nicht von sich selbst wegziehen zu lassen und von dem, was die Seele berührt, was in ihr umgeht und wohin es sie zieht. Seelensehnsucht ist nicht unbedingt leise, aber sie ist still, sie ist im vollen Sinne eine „stille" Sehnsucht, will sagen: eine heimliche, tiefe, etwas geheimnisvolle, berührende Sehnsucht, die einen aufnimmt, mit sich führt, in Verbindung bringt und die Leichtigkeit verschafft, die nicht mehr anhaftet an Dingen.

III. Die Sehnsucht der Seele

Sie tut auch was mit uns

Wenn wir unserer Seele zuhören, ihr lauschen, dann bekommen wir nach und nach ein Gespür dafür, dass nicht nur wir auf sie hören und in gewissem Maße Einfluss auf sie ausüben, indem wir sie unterstützen, „nähren" – oder eben auch nicht, indem wir uns verschließen oder sie warten lassen und mehr oder weniger an ihr vorbeileben –, sondern dass die Seele auch auf uns hört. Nicht derart, dass sie unseren wilden Ideen, schwankenden Stimmungen oder ach so guten Gedanken hinterherrennt, sondern sie tut dies auf eigenen Wegen, auf denen sie uns zu uns selbst führt, und zwar zu dem, der wir eigentlich oder in Wirklichkeit sind: Sie führt uns nicht zu unserem kleinen Ego und auch (leider) nicht zu einem ausgeglichenen oder tugendhaften Charakter, sondern sie führt uns zum Kern unserer Ganzheit. Was diese Ganzheit genau ist, lässt sich natürlich nicht beschreiben, wohl aber kann man ein wenig darauf hindeuten, sodass Sie mit diesen Deutungen selber schauen können, was es für Sie ganz einzigartig bedeutet, denn jede/r hat einen eigenen Einstieg, seinen/ihren eigenen Weg und seine/ihre eigene Ganzheit. Es ist ein merkwürdiger, aber nur scheinbarer Gegensatz, dass Einzigartigkeit und allumfassende

Ganzheit sich nicht ausschließen. Und ja, es ist auch so, dass einen das charakterlich schon ein wenig verändert, so nach und nach, aber nicht im Sinne großer Tugendhaftigkeit, eher im Sinne größerer Gelassenheit, eines gewissen inneren Abstands zu den Dingen, oft gepaart mit Humor oder Heiterkeit, mehr Verständnis und sogar Geduld. Das dauert aber.

Die Seele hat ein Eigenleben, es ist jedoch gebunden an unser Leben. Ein bisschen was von diesem Eigenleben haben wir schon aufgedeckt: dass sie spürbar anders und vor allem in einem anderen Tempo reagiert, als es unser akutes Leben vorgibt. Wir haben auch schon gesehen, dass sie im Verborgenen und Stillen lebt, will sagen: darin erfahrbar, „hörbar" wird. Welchen Einfluss was genau und auf welche Weise auf unsere Seele hat, ist schwer zu definieren, aber man kann spüren und erkennen, dass alles, was in unserem Leben geschieht, alle Entscheidungen, die wir treffen, Begegnungen, die wir haben, usw. in irgendeiner Weise ihren Niederschlag in unserer Seele finden. Manches weniger, manches mehr, manches noch mehr. Aber wie und was genau, das entzieht sich unserer Kenntnis und vor allem auch unserer direkten Einflussnahme: Die Seele ist nicht steuerbar. Es ist schön und es tut unheimlich gut, wenn man ihr zuhört, ihr auf die Spur kommt und vielleicht auch merkt, dass sie nicht nur diese eine kleine individuelle Seele ist, sondern dass sie weit darüber hinausgeht. Manchmal bekommt man davon eine kleine Ahnung, die einen spüren lässt, dass unsere Seele teilhat an einem viel größeren Leben, in das wir aufgenommen oder dessen Teil wir sind, besser gesagt: das wir selber sind. Worte kommen hier sehr schnell an ihre Grenzen, klingen manchmal vielleicht etwas abgehoben, „ver-rückt“ oder „jeck“, wie man bei uns im Rheinland sagt. Das muss so sein, denn es handelt sich um Erfahrungen oder Ahnungen, die nun mal über das hinausgehen, was wir mit unserem normalen Sprachgebrauch kategorisieren können. Wenn man an die Grenzen des normal Sagbaren kommt, bedeutet das nicht, dass man neben der Spur ist, sondern es bedeutet lediglich, dass wir uns auf einem Terrain bewegen, das nur in sehr überschaubarem Maße Teil unserer Sprache geworden ist, weil es sich über die Sprache nur sehr unbeholfen und nur mit Umschreibungen, mit Hilfskonstruktionen vermitteln lässt. Es gibt auch andere Wege als die Sprache, auf denen man sich der Seele nähern kann, allem voran in der Musik und auch in der Malerei und der Kunst allgemein. Überall dort gibt es Momente, in denen man über die Grenze des Sagbaren, des Machbaren hinausdeutet und hinauskommt.

Sehr viele Menschen kennen es, dass sie in einer Liebesbeziehung manchmal Momente erleben, für die sie keine Worte mehr haben. Sie kommen da einfach an eine Grenze, und sie fühlen sich zugleich aufgenommen in etwas Größeres. Für diese Liebe tun sie eine Menge und die Hormone tun auch noch mal so einiges dazu, aber es gibt diesen Moment – und der ist mehr als ein zeitlich messbarer Augenblick, es ist eher eine Ahnung, ein tiefes inneres Wissen –, da man spürt, dass die Liebe auch umgekehrt etwas mit einem tut, dass sie mehr ist, als was man selber „machen" kann. Ich nenne das, unabhängig von aller Religiosität, den „heiligen Moment" einer Liebe, und zwar einer Liebe, die man ganz konkret zu zweit erlebt, die keineswegs abgehoben und zugleich doch so unsagbar anders ist. Solch eine Liebes-Erfahrung ist grundsätzlich für jeden in sehr unterschiedlicher Form und auf unterschiedlichen Wegen erlebbar. Man kann sie selbst nicht herstellen, sie stellt sich ein, führt einen über sich selbst hinaus, und zugleich ist man sich selbst so nahe wie nie zuvor. Diese so „normale" Erfahrung von etwas, das unabdingbar mit uns selbst verbunden ist und zugleich unsagbar weit über uns hinausgeht, ist eine Transzendenzerfahrung. „Transzendenz" heißt nichts anderes, als dass diese Erfahrung „hinausgeht über" das, was wir normalerweise erleben und erfahren. Es gibt sie auch in Gebets- und Meditationsmomenten, im Naturerleben und vielem anderen mehr. Da wird dann Seele spürbar: Wir erfahren, wer wir „eigentlich" sind; dass wir aufgenommen sind in ein viel größeres Ganzes und dass wir dieses „Ganze" selber auch sind, so wie eine kleine Menge Wasser nicht nur Teil eines riesigen Ozeans ist, sondern dieser auch selber ist, denn der Ozean besteht nicht aus trennbaren Einzelteilen, er *ist* Wasser. Das in etwa meine ich, wenn ich sage, dass die Seele uns zum Kern unserer Ganzheit führt. Wir sind ganz wir selbst, ganz einzigartig und persönlich, aber zugleich untrennbar verbunden mit anderen, mit der Natur, mit allen Menschen, dem

Kosmos oder wie auch immer man es am Rande des Sagbaren bezeichnen mag.

Ich habe dies einmal in einem ganz besonderen Moment erfahren, gar nicht so glorreich und voller Geigen im Himmel, eher in einer Schmerzerfahrung, die tendenziell einer Nahtoderfahrung glich. Ich habe gespürt, dass ich mehr bin als dieser eine kleine Mensch, dass mein Kern, meine Seele, etwas in mir ist, das viel, viel größer ist; dass wir als Menschen regelrecht kosmische Wesen sind, unfassbar groß – nicht im Sinne einer Allmacht oder eines Größenwahns, eher im Sinne des Regentropfens, der gewahr wird, dass er Teil eines Ozeans ist, aber nicht im „geteilten" Sinne, sondern jeder Teil ist das Ganze, es gibt da keine Trennung; wohl aber, da kommt das Bild dann an seine Grenze, gibt es eine erkennbare Personalisierung, keinen undifferenzierten Einheitsbrei; wir sind auch „da" nicht alle dieselben. Eine Einheit, in der alle Menschen sind, vielleicht sogar alle Wesen, aber sie sind nicht dieselben, sondern sie sind ganz persönlich sie selbst, differenzierbar, klein und groß – nicht von Gestalt, sondern eher im Sinne innerer Größe oder Kleinheit.

Wir sind „wesenhafte Wesen" – auch so ein Ausdruck, der nur hindeutet auf diese Erfahrung, dieses „Sehen" dessen, wer wir wirklich sind. Immer wieder spüre ich die leichte Neigung, mich für meine Wortwahl zu entschuldigen, zum einen, weil sie womöglich ein bisschen „spinnert" klingt, zum anderen, weil sie längst nicht das abdeckt, was da in der Seele erfahrbar wurde. Aber ich lasse das jetzt einfach mal mit der Entschuldigung, es bringt eh nichts, und ich bin jederzeit bereit, meine Worte gegen bessere einzutauschen, wenn jemand sie denn hat. Ich glaube sogar, und zwar ohne jede Vermessenheit, dass wahrlich große Menschen wie Jesus oder Mohammed, Moses oder die biblischen Propheten ebenso wie dieselben aus anderen Kulturen und Religionen und auch die großen edlen Menschen unserer Tage im Grunde nichts anderes als genau dies erfahren haben: den Kern ihrer Ganzheit, das wesentlich Wesenhafte, den Kosmos, der wir sind – vermutlich in unterschiedlicher Tiefe der Einsicht und auf jeden Fall auf unterschiedlichem kulturellen Hintergrund und ihrer dadurch geprägten Wahrnehmung. Sie selber haben dann Worte und Ausdrucksweisen, Geschichten und Bilder gesucht, um ihre tiefe Erfahrung mitzuteilen, andere daran teilhaben zu lassen; sie haben oft eher etwas stammelnd und mit vielen Hilfskonstruktionen versucht, zu vermitteln, wer wir eigentlich sind, wer und was dieses Unsagbare ist, für das sie keinen Namen hatten. Alles ist daraus geboren – alle Religion und Lehre, alle Vorschriften und Gebote usw. sind im Grunde nichts als „Geh-Hilfen", Hinweise auf etwas hinter den Worten. Und sie haben versucht zu unterscheiden, was einen auf diesem Weg der Seele und ihrer Sehnsucht weiterbringt, was förderlich ist und was nicht, was einen davon ablenkt und verführt oder einen eben lenkt und leitet. Über Generationen sind daraus Lehrgebäude und Dogmen entstanden, die zum Selbstzweck geworden sind, die gleichsam in der Hand nicht wirklich „wissender" oder „sehender" Menschen instrumentalisiert worden sind, um weiß Gott was damit zu decken. Dabei hatten und haben sie nur *einen* Sinn, nämlich Hinweise darauf zu geben, wer wir in unserer Seele sind, im Kern unserer Ganzheit und als universales Ganzes.

Das Gute aber ist: Diese Erfahrung ist jedem zugänglich, es handelt sich im Grunde um nichts anderes als unsere ganz „alltägliche" Erfahrung von Liebe, von Echtheit, von Seele usw. Dies sind gleichsam die kleinen Krümel eines viel Größeren – und das kann wirklich jede und jeder „ent-decken". Auch Liebe ist exklusiv, aber sie ist für jede und jeden offen, der oder die sich ihr öffnet. Der Moment selber, dass man etwas erkennt oder erfährt, „sieht", ist dabei gar nicht mal so wichtig, auch nicht das, was darin erfahrbar oder sichtbar, spürbar wurde oder was in einem anderen Kontext „Erleuchtung" war, sondern das tiefe Wissen, dass unsere Seele gleichsam das Tor dahin ist, oder unsere je eigene und einzigartige Anbindung daran; dass unsere Seelensehnsucht uns dahin zieht. Und dass diese Seelensehnsucht nicht etwas Exklusives ist, sondern etwas für jede/n.

Dahin kann man kommen, dafür kann man sich öffnen, dem kann man lauschen und nachgehen, davon kann man sich getragen wissen. Es ist sozusagen „kinderleicht", im besten Sinne „alltäglich", aber eben insofern unheimlich schwer und besonders, als dass es nicht „machbar" ist. Man kann es nicht aus eigener Kraft mal eben so erreichen oder forcieren, sondern sich nur dafür bereit machen, öffnen. Man kann dem zuhören, sich darauf einlassen, ein Gespür dafür entwickeln, doch Ziel ist, im Gegensatz zu dem, was viele lehren, nicht die Erleuchtung, die Vision oder die Erklärung der Welt – ein solches „Ziel“ gibt es als solches nicht –, sondern unser ganz alltägliches Leben selbst in seiner ganzen Fülle, im Kern seiner Ganzheit. Etwas anderes haben wir nicht als dieses konkrete Leben in unserer Zeit mit unseren Möglichkeiten und Unmöglichkeiten. Was „danach“ kommt, das sehen wir dann mal, aber ich bin mir ziemlich sicher, dass es unsere Kategorien von „danach“ oder „dort“ oder „dann“ komplett übersteigt. Man kann nicht nach Erleuchtung, nach tieferem Wissen streben im Sinne von etwas erreichen wollen. Geht nicht. Das ist etwas, was einem zuteilwird, mal ein bisschen, mal ein bisschen mehr, manchmal vielleicht auch nicht oder weniger, jedenfalls nicht auf Bestellung.

Doch seien Sie getrost: Mit der Zeit kommt man schon auf ein ganz brauchbares Level. Das ist zwar „Gnade“, will sagen Geschenk, aber es ist eine Gnade, die jedem/r offensteht und zuteilwird, der/die sich dafür öffnet, sich darauf einlässt. In diesem Sinn kann jeder auf seine Art „begnadet“ sein oder eben nicht, das an sich ist gar nichts Anormales. Ziel ist nicht das Besondere, das Außergewöhnliche, sondern eher das Alltägliche in seiner ganzen Dimension oder in seinem Zusammenhang, in dem es steht als Ganzheit. Ganzheit bedeutet auch, dass es keine Trennung gibt, der Wassertropfen ist eben untrennbar verbunden mit dem Ozean, aber ich bleibe erkennbar als die Person, die ich war und bin, die ich geworden bin. Trennung ist eine Illusion, denn alles und alle sind auf eine für mich nur im Ansatz zu erahnende Weise miteinander verbunden. Andererseits wird in dieser Einheit nicht alles „mal eben" eingeebnet oder zu einer undifferenzierten Masse: dreimal rühren, fertig. So funktioniert Seele nicht. Sie geht in Richtung einer differenzierten, personalisierten Einheit, echter Persönlichkeit, in der das Ganze da ist und die jede für sich das Ganze ist, ganz einzigartig.

Deshalb ist es keineswegs gleichgültig, was wir „hier auf Erden" tun und entscheiden, jedoch nicht im Sinne direkter Kausalität oder ständig klarer Entscheidung zwischen Gut und Böse, Tugend und Untugend. Nein, vieles, fast alles, ist grau oder aus gemischten Farben. Es ist nicht so wichtig, ob wir „gut" sind, wichtig ist eher, dass wir bereit sind, zuzuhören, uns zu öffnen, zu lauschen und dem „Belauschten" hinterherzugehen – so gebrechlich wie wir manchmal auch sind. Ein Tugendkatalog guter und böser Taten ist eine unerlaubte Verkürzung, denn er beraubt die konkrete Wirklichkeit gerade ihrer tieferen Dimension, ihres Geheimnisses. Umgekehrt wird, wer seiner Seele wirklich zuhört, seiner tiefen Seelensehnsucht folgt, sich oftmals anders entscheiden als jemand, der das nicht tut, aber nicht, weil es moralisch „gut" ist, sondern weil es ihn oder sie näher heranführt an das, wonach seine/ihre Seele sich sehnt.

Sehnsucht und Erfüllung

Die Seele sehnt sich nach ihrer personalen und universalen Ganzheit – ich glaube, so darf ich das nach all dem Gesagten jetzt einfach mal benennen. Bleibt die Frage, ob sie diese irgendwann auch mal erreicht – oder ewig unerfüllt bleibt. Schmachten wir ständig in unstillbarer Sehnsucht vor uns hin und warten auf das Ende aller Tage, bis sich endlich erfüllt, was uns so vorschwebt, weil wir hier auf Erden immer nur so ein paar kleine Häppchen davon aufschnappen?

Unstillbare Sehnsucht, das mag romantisch klingen, aber daran glaube ich eher nicht. Sehnsucht ist kein Selbstzweck, sondern ihr geht es um ihre Erfüllung. Sehnsucht hat dabei immer auch eine Ahnung von dieser Erfüllung in sich, sie „kennt" die Erfüllung, weiß um sie. Das ist jetzt vielleicht ein wenig abstrakt, aber wenn Sie von dem, wonach Sie verlangen, egal in welcher Dimension im Leben, nicht eine Vorahnung hätten, nicht davon „wüssten", was Sie am Ende erwartet, dann würden Sie nicht danach verlangen. Das heißt nicht, dass man immer auch eine ganz genaue Vorstellung davon hat, was als Erfüllung am Ende steht. Es ist ein ganz passendes Wort: „Er-Füllung": Es geht darum, etwas zu füllen, voll werden zu lassen, im Sinne von „voll-enden". Die Sehnsucht wartet darauf, dass sie „er-füllt" wird – das ist eine passive, besser: empfangende Form: Etwas oder jemand anderes erfüllt sie, sie strebt, sie sucht, bis sie den oder das findet. Das, was die Seele sucht und was ihre Sehnsucht erfüllt, ahnt man, aber man weiß es nie so ganz genau. Es ist wohl, soweit ich das sehen kann, auch immer ein klein wenig anders und mehr, als man erwartet hat, es „füllt“ wirklich, in dem Sinne, dass man von etwas „erfüllt“ oder „beseelt“ ist. Es wäre doch ausgesprochen schade, wenn man darauf bis zur Ewigkeit warten müsste! Das ist eine Erfindung von Leuten, denen daran gelegen ist, dass sie ausgesprochen diesseitig Macht über die Ewigkeit ausüben können.

Andererseits ist es nicht so, dass man, wenn man mal eine gewisse Ahnung von der Erfüllung bekommt oder sich in manchen Momenten vielleicht gar regelrecht als erfüllt erfährt, auch für immer und ewig voll ist, dass man quasi geistlich ausgesorgt hat. Erfüllt werden heißt nicht, sich volllaufen zu lassen, einmal für immer voll zu sein und dann für den Rest der Zeit seinen Rausch auszuschlafen oder wie ein Yogi über dem Nagelbett über den Dingen des Alltags zu schweben. So geht Erfüllung nicht, so ist sie nicht gemeint, sondern sie bedeutet etwas anders: „Erfüllung“ sagt weniger darüber aus, dass danach kein Verlangen mehr entsteht, sondern sie deutet vielmehr auf die Qualität und die Dimension dessen hin, was einen da erfüllt. Dies ist eben etwas Nicht-Vergängliches, was über uns selbst hinausgeht, was gleichsam von einer anderen Ordnung ist, aber sehr wohl im Hier und Jetzt erfahrbar, unvergänglich – nur wir Menschen bleiben das halt sehr wohl: vergänglich. Die Menge bestimmt der Becher, nicht der Krug – doch was da in diesen Becher gefüllt wird, ist von Ewigkeitswert. Und das spüren, das „wissen“

wir mit unserer ganzen Person, mit Leib und Seele, Kopf und Bauch, Haut und Haaren. Das heißt auch nicht, dass wir nur einen Funken oder einen kleinen Teil von etwas auffangen, davon erfüllt sind, sondern jeder „kleine“ Teil *ist* das Ganze, wie mehrfach erläutert – auch wenn es vielleicht manchmal im Kopf ein bisschen wehtut, sich da hineinzudenken, weil es in andere Dimensionen hineingeht als die, in denen wir für gewöhnlich unsere Erfahrungen sammeln.

Schauen wir noch einmal ein bisschen näher auf das, was uns da „er-füllt“: Was das ist, kann man natürlich nicht einfach so beschreiben oder gar stringent definieren, aber vielleicht können wir noch etwas darüber aussagen, wie es sich anfühlt, in welche Richtung es geht; und in einem weiteren Schritt vielleicht auch, wie man es unterscheidet von anderen, falschen oder scheinbaren Erfüllungen, wovon ich im vorigen Kapitel bereits geschrieben habe.

Es ist keine Parallelwelt, die sich in der Erfüllung der Sehnsucht offenbart, ich würde sie eher deuten als eine andere, größere, universelle Dimension unserer ganz normalen Wirklichkeit. Es ist ihr eigen, dass wir dann, wenn wir sie sehen, erahnen, erspüren, zugleich wissen, dass wir dahin gehören: Sie fühlt sich an wie zu Hause, wie aufgehoben sein, angekommen, geborgen. „Wo gehen wir denn hin? – Immer nach Hause“, so hat dies Novalis, ein großer Dichter der Romantik, einmal formuliert. Ist was dran. Zu Hause – natürlich nur ein Bild für die Zugehörigkeit, die da zu spüren ist. Es ist der Ort, wo wir hingehören, wo wir gekannt und akzeptiert sind, so wie wir wirklich sind; wo wir nichts „müssen“, uns nicht zu verstellen brauchen – uns aber auch nicht verstellen können, weil wir gekannt und erkannt sind als die, die wir wirklich sind und die wir im Leben geworden sind, vielleicht auch als die, die wir hätten werden können. In diesem Licht, dieser Geborgenheit, dieser gar nicht so verschmusten Liebe bekommen die Dinge des Lebens eine etwas andere Gewichtung: Es wird sichtbar, spürbar, was wirklich wichtig ist, worauf es ankommt, was wirklich zählt und was weniger wichtig ist. Und auch das, was in Liebe hätte sein können, wird klarer spürbar – und wie schade es ist, wenn man sich dem verweigert hat. Das wäre übrigens auch mal ein ganz anderer Begriff von „Sünde“, ein wenig befreit vom kleingeistigen Moralisieren: Wie schade ist es doch, dass die Liebe nicht zur Entfaltung kam, es wäre so viel mehr möglich gewesen!

„Zu Hause sein“ oder „nach Hause kommen“ heißt auch, dass wir das schon von „früher“ kennen, dass wir darin bereits vertraut sind, es ist Heimat: tiefe, innere Heimat, wo wir sind, wer wir sind, für immer geborgen. Es ist der Ort, wo wir nicht mehr alleine sind, wo wir ganz selbstverständlich dazugehören, wir selbst Teil dieses Zuhauses sind. Wie gesagt: nur ein Bild für diese Erfahrung der Erfüllung in der Sehnsucht der Seele, keine Anleitung für den Glauben an Wiedergeburten.

Manches von dem, was ich hier beschreibe, ist ungewollt, aber nicht zufällig vom Vokabular her nicht sehr anders, als wenn Liebende den Menschen beschreiben, mit dem/der sie ihre Liebe erleben. Ich glaube tatsächlich, dass es in jeder Weise und Form von Liebe ein Moment gibt, das die Seelensehnsucht und deren Erfüllung berührt oder erfährt. Ich habe es den *heiligen Moment* einer jeden Liebe genannt. Das ist eine als „Moment" erlebte Dimension, die an das rührt, was ich hier ein wenig suchend und unbeholfen umschrieben habe. Das kommt sehr vielen Menschen nahe, weil viele es bereits einmal erlebt haben oder darin leben. In einer „erfüllten" Liebe zu leben heißt nicht, dass man permanent auf Wolke sieben schwebt. Auf Wolke sieben wohnt man übrigens immer nur zur Miete, man wird nie Eigentümer. Sondern es heißt, dass sich mit der Fortdauer eine Art Basis bildet, ein Fundament, auf dem man – zu zweit oder wie auch immer – in dieser Liebe lebt. Und dieses Fundament kann wachsen, stärker werden. Klar, es kann auch in einer heftigen Enttäuschung enden, aber ich behaupte mal, dass da unterwegs irgendwann etwas falsch gelaufen ist oder nicht mitgekommen ist, was dann am Ende zu solch einer Enttäuschung oder einem Fiasko führt. Aber es ändert auch dann erst einmal grundsätzlich nichts an der Erfahrung des Heiligen (nach wie vor im durchaus weltlichen Sinne, ohne jeden Weihrauch), denn auch wenn es sich im Nachhinein teilweise als Illusion herausstellen mag, so ist doch nicht alles einfach weg und umsonst; man hat schließlich etwas erlebt und gesehen, erkannt, was „Ewigkeitswert" hatte und wohin man irgendwann auf anderen Wegen oder über einen neuen Anlauf sehr wohl wieder gelangen kann.

Wer sich durch eine Enttäuschung auf Dauer verbittern lässt, versperrt sich natürlich solange selber den Weg dorthin. Und klar, es braucht auch seine Zeit, bis man sich erneut öffnen kann, gerade da, wo es einem enorm nahegeht. Diese Zeit darf es haben, es treibt einen ja keiner und es geht auch nicht um ein Wettrennen zur Ewigkeit. „Ewigkeit" ist – ich vergaß es bislang zu erläutern, aber Sie ahnen es vermutlich schon – kein Begriff für Zeit, sondern sagt etwas über die Qualität eines Moments aus, so wie ein „ewiger Augenblick", der vielleicht nur einen Augenblick dauert, aber in dem sich etwas offenbart, was alles andere übersteigt.

Man baut nach und nach ein Fundament auf, ein „Wissen" oder „Kennen" – keinen abgehobenen Schwebezustand, eher ein Gespür und ein Klangboard, durch das man wiedererkennt, hört, belauscht, wer und was einen wirklich weiterführt, was die Seelensehnsucht anpeilt. Man erreicht ein höheres Niveau, etwa im Sinne des bekannten „Stufen"-Gedichts von Hermann Hesse. Keine Stufen, die einen sich über andere erheben lassen, wohl aber Stufen der Einsicht, der Erfahrung, der inneren Kenntnis, im „Wissen von Ewigkeit". Auf dem Weg der Seelensehnsucht sind nicht alle gleich weit. Das hat nichts mit Wertung zu tun, wohl aber gibt es graduelle Unterschiede, unterschiedliche Reifegrade, solche der inneren Entwicklung. Es gibt darin Menschen, die „fortgeschritten" sind, und andere, die gerade erst anfangen, ein Gespür dafür zu entwickeln. So gibt es Menschen, die einem darin „Wegweiser“ sind oder Lehrerinnen, und es gibt Menschen, die ihrer Seelensehnsucht im beschriebenen Sinne früher oder später gefolgt sind; und auch Menschen, die vielleicht ganz andere Aufgaben in ihrem Leben anzugehen haben als gerade diese. Die einen sind darum keine besseren und die anderen keine schlechteren Menschen, überhaupt nicht, und wie erwähnt, wird man charakterlich nicht einmal eben zu einem besseren Menschen, aber das darf uns nicht daran hindern, Unterschiede, auch hierarchische Unterschiede wahrzunehmen und anzuerkennen. Hierarchie bedeutet übrigens „heilige Ordnung“, wobei es sich, wie schon mehrfach bei anderen Worten gesehen, lohnt, sie erst einmal von aller Macht und religiöser Dogmatik freizumachen, zu „verweltlichen“. Und es hat auch nichts mit Adel oder Ständen oder Ähnlichem zu tun. Wir haben ja bereits gesehen, dass die Seelensehnsucht jedem Menschen eigen ist und dieser Weg jedem und jeder offensteht, aber eben nicht im Sinne unterschiedsloser Gleichmacherei. Es ist nicht nur nötig, es tut sogar sehr gut, solche Hierarchien zu erkennen und anzuerkennen. Sie sind übrigens keinen Moment lang festgeschrieben, man muss sie schützen, aber nicht institutionalisieren, sie können sich ständig verändern und trotzdem haben sie auch eine gewisse Niveau-Konstanz, man kommt nicht mal eben von null auf hundert oder umgekehrt.

Wegweiser gibt es übrigens auch in Form von Geboten oder Richtlinien – im Grunde zu sehen als komprimierte Erfahrungswerte. Auch die „Zehn Gebote“ sind, ebenso wie die vielen anderen Gebote und Vorschriften des Alten Testaments, nichts anderes als eben solche Richtwerte, Orientierungshilfen. Das gilt auch für Vorschriften im Koran und in anderen großen religiösen Büchern: Sie sind gemeint als Lebenshilfen. Wenn man sie institutionalisiert und sie loslöst von der konkreten Erfahrung, dann werden sie leblos und erfüllen ihren Zweck nicht mehr bzw. werden sie zweckentfremdet, manchmal regelrecht pervertiert. Dass eine Gesellschaft nicht ohne klare Regeln und auch nicht ohne Sanktionierungen irgendeiner Art auskommen kann, ist unbestritten, aber wo es um die Seele geht, gibt es keine feststehenden Gebote, sondern nur Erfahrungswerte, Hinweise, Wegweiser – immer wieder korrigierbar, anpassbar oder für andere Wege auszutauschen, wenn sie denn der Seelensehnsucht gemäß sind. Über die Unterscheidung der verschiedenen „Geister“, die einen darin bewegen, habe ich oben im zweiten Teil bereits einiges gesagt. Wichtig ist, die Anziehungskraft der Seele, ihre Attraktivität, in sich spürbar und wachzuhalten und aufmerksam dafür zu sein, was die Seele wirklich anzieht und weiterbringt.

Die Zärtlichkeit der Seele

Es ist ein nicht ganz erklärbares Geheimnis, dass man in dem Moment, in dem man sich selbst am nächsten ist, auch am engsten mit anderen verbunden ist und umgekehrt, dass man im Moment totaler Hingabe an einen anderen zugleich sich selbst am nächsten ist. Dies ist, im Sinne des vorherigen Kapitels eine „er-füllte“ Gleichung und Realität. Es gibt so viele Wege dahin, wie es Menschen gibt, und es ist am Ende egal, ob man über totale Zurückgezogenheit, äußere Stille und Einsamkeit dorthin gelangt oder im tiefen Erleben einer Beziehung oder beides. Ich glaube, man tut gut daran, die Extreme zu beiden Seiten hin einmal etwas weniger in den Blick zu nehmen und die Aufmerksamkeit mehr auf das zu richten, worin die meisten Menschen nun mal leben: auf den ganz normalen Alltag. Ich glaube nicht, dass man extreme Wege gehen muss, um seiner Seelensehnsucht zu folgen, man muss nicht in ein Schweigekloster eintreten oder jedes Jahr in Indien einen Lehrgang absolvieren oder im Ashram den Boden fegen oder in Kanada das ultimative Naturerlebnis suchen oder die Einsamkeit der Wüste Gobi erleben oder im Morgengrauen – *guided tour* – den Mount Everest besteigen – nichts dagegen, aber das alles geht auch viel einfacher, alltäglicher. Und für die ist dieses Buch geschrieben.

Seelensehnsucht ist in jedem Menschen vorhanden. Aber Achtung: Seelensehnsucht ist auch ein bisschen subversiv, es macht einen „weniger normal“, wenn ich das mal so sagen darf, denn es macht einen individueller, als einzigartige Person erkennbarer, sie führt einen, wie beschrieben und gedeutet, näher zu sich selbst, zur eigenen, universalen Ganzheit und damit zu einer innigen Verbindung zu allem und allen; zu einem tiefen Respekt vor allem, was lebt. Die Folge davon ist, dass man mit der Zeit etwas achtsamer durchs Leben geht, empfindsamer und mitfühlender wird. „Mitgefühl“ und „Achtsamkeit“ haben in den letzten Jahren schon Kultstatus erreicht, so meine ich das hier nicht, sondern es geht um ganz einfache Folgen eines inneren Werdegangs und Wachsens, die keinerlei Selbstzweck haben oder Ziele sind, die man erreichen muss. Sie sind eher Zeichen am Wegesrand; wenn man sie in größerem Maße an sich selber feststellt, ist das eigentlich immer ein gutes Zeichen, prima, nicht mehr – nicht weniger. Dafür braucht man keinen Lehrgang, sondern es ist eine ganz normale Folge der peu à peu gemachten Einheitserfahrung, wobei ich hier nicht von Wochen oder Monaten rede, sondern von Jahren, vielleicht sogar Lebenszyklen. Wem ein Kurs in Achtsamkeit dabei hilft, der mag sich darin üben und Erkenntnis gewinnen, aber mir persönlich kommt das eher vor wie eine Art schriftlicher Kurs in Geschicklichkeit. Denn Achtsamkeit ist kein Ziel an sich, sondern sie folgt aus dem Lauschen auf das, wohin die Seele führt. Man muss die Folge nicht zum Ziel erklären.

Außer der inneren Stille, der Stille des Herzens, dem Mitgefühl und der Achtsamkeit gibt es eine weitere Frucht – besser: eine Weggefährtin – der Seelensehnsucht und ihrer Erfüllung, und das ist ein Gefühl für echte Zärtlichkeit. Es handelt sich dabei um etwas, das sich gleichsam „unterwegs“ einstellt und entwickelt und mit dem Voranschreiten stärker spürbar wird. Zärtlichkeit will nahe sein, aber nicht besitzen; will ganz da sein, feinfühlig und sehr, sehr aufmerksam; will spielerisch geben und empfangen, ist völlig frei, drängt sich nicht auf und lässt sich nicht fangen, ist gelöst, heiter, frei und zugewandt. Manchmal habe ich den Eindruck, dass unter all der sexuellen Freiheit, die gesellschaftlich in den letzten Jahrzehnten gottlob erkämpft wurde und die viel Gutes bewirkt hat, das Gefühl für echte Zärtlichkeit ein wenig verlorengegangen ist, reduziert auf eine Art Vorspiel für den eigentlichen Akt. Das ist ausgesprochen schade, denn Zärtlichkeit hat einen Stellenwert für sich, sie findet sich nicht nur (und nicht einmal notwendig) in der Sexualität, sondern auch im Umgang von Eltern mit ihren Kindern, in Freundschaften aller Art, sie findet sich in Worten, in einer Tonlage, in der Musik, sie kann in Blicken liegen, in einer einfachen Bewegung oder im Tanz und in vielem anderen mehr. Wer kein Gefühl dafür entwickelt hat, bemerkt sie nur am Rande, wenn überhaupt. Zärtlichkeit verträgt sich nicht mit Macht, sie ist die leise Melodie, die die Seele spielt, der Inbegriff eines guten Umgangs mit ihr und zugleich die Frucht, das Resultat dessen, wenn man ihr lauscht. Sie entsteht durch sanfte, rücksichtsvolle Hingabe und haarfeines Zuhören mit allem, was man hat. Umgekehrt gibt sie einem auch genau dies wieder: Sie schenkt und sie schult die Fähigkeit zur Hingabe, zum Zuhören mit ganzem Herzen. Bei aller Lyrik: Man kann sie jederzeit vertreiben und zerbrechen – für den Moment und so lange, bis es wieder Raum für sie gibt. Im besten Fall legt sie sich mit der Zeit wie ein permanenter Unterton unter das alltägliche Leben, weil es Platz für sie gibt, weil sie Gehör findet und mehr und mehr Einzug hält. Ich habe sie gefunden bei jungen Menschen in ihrer Liebe, ebenso bei Alten, deren innige Einheit manchmal spürbar wird, wenn sie sich einfach an der Hand halten.

Ich habe sie gefunden in Gedichten und Worten ebenso wie in guter Musik – und das ist bei Weitem nicht nur in der klassischen. Sie liegt in einer Arie von Anna Netrebko oder Jonas Kaufmann wie in einem Ballett von Pina Bausch, im Schauspiel von Julia Jentsch, in den Trompetenklängen von Markus Stockhausen, im Geigenspiel von Anne-Sophie Mutter oder in der rauen Dramatik, wenn Freddie Mercury singt, oder in manch sanften Klängen von Enya – um ein paar persönliche Highlights zu nennen, die Sie gut und gerne um Ihre eigenen ergänzen können. Die genannten, ebenso wie die ihren, können einem authentische Lehrerinnen und Lehrer sein, Vorbilder, weil sie mit dem, was sie darbieten, in die richtige Richtung weisen. Dies ist dann vielleicht so etwas wie die Hohe Schule, aber echte Zärtlichkeit ist zugänglich und „machbar“ für jeden, da gibt es keine Ausnahme außer der, die sich selbst davon ausnimmt. Echte Zärtlichkeit steht nicht am Anfang oder am Ende der Seelensehnsucht, sie ist wie ihre Stimme, sie *ist* sie.

Heiterkeit

Wir haben gesehen, wohin die Sehnsucht der Seele uns führen kann, zum Kern unserer Ganzheit; dass dies eine ganz besondere Erfahrung ist, die aber jedem jederzeit und ganz „alltäglich" offensteht. Nach ihr zu streben heißt, sich für sie zu öffnen. Sie geht in Richtung einer kaum fassbaren personalisierten Einheit oder Gemeinschaft kosmischer Unbegrenztheit, in der wir sind, wer wir sind, und deren Erfüllung oder Vollendung nicht ins Jenseits verschoben werden sollte. Wir wissen oder ahnen, dass wir „dort" zu Hause sind. Und wir haben zuletzt etwas erfahren über den Umgangston, die Stimme der Seele: ihre Zärtlichkeit.

Viel mehr gibt es eigentlich nicht zu sagen, außer vielleicht noch etwas zu einer der späteren oder reiferen Früchte der Seelensehnsucht: der Heiterkeit. Man kann und konnte sie manchmal bei Menschen beobachten, wie in unserer Zeit z.B. dem Dalai Lama oder dem Gründer der Gemeinschaft von Taizé, Frère Roger Schutz, und bei vielen anderen unbekannten Menschen der Sehnsucht. Nicht dass solch weise, „heilige" Menschen mit einem abgehobenen Lächeln und dem Blick ins Jenseits gerichtet auf die Geschäftigkeit der Welt blicken, nein, eher im Gegenteil, denn sie sind selbst nicht losgelöst davon, stehen nicht außerhalb oder gar oberhalb unserer ganz normalen Wirklichkeit. Es ist eher ein ausgesprochen mitfühlendes, strahlendes Lächeln oder Lachen, eine heitere Gelassenheit, die um die Relativität unserer Anstrengungen und Probleme weiß wie um deren Ernsthaftigkeit. Ich glaube, dass solch eine Art von zärtlich-mitfühlender Heiterkeit, oft auch gekoppelt mit einem nahezu kindlich anmutenden Humor, Hand in Hand geht damit, dass man bei sich selbst und in der Welt zu Hause ist. Vielleicht nicht immer und jeden Moment, aber immer wieder und immer öfter mal. Dies löst nicht mal eben alle Probleme dieser Welt, auch die eigenen nicht, aber sie werden damit zurechtgerückt, werden dadurch nicht klein und lächerlich, wohl aber relativer, was wörtlich so viel heißt wie dass sie in Bezug gebracht werden zu dem, der wir wirklich sind – weit mehr, als wir denken und ahnen können. Wir sind „relative", d.h. miteinander in Bezug stehende Wesen, alles andere ist eine schlechte Illusion. Dies gilt sowohl für uns selbst in Bezug auf unsere Seele als auch für die Verbindung mit anderen Menschen, Dingen, Lebewesen. Wer seiner Seele lauscht, erfährt, dass er sich selbst näherkommt und dem, wer er seinem universellen Wesen nach ist. Je mehr wir dies erfahren und „sehen", desto näher sind wir darin anderen, die, je einzigartig, Teil dieser universellen Wesenheit sind. Wie gesagt, Seelensehnsucht ist nichts für Feiglinge und auch nichts für Abgehobene oder Jecke.

Ich hoffe, dass ich Ihnen mit diesem kleinen Buch etwas davon nähergebracht habe. In diesem Sinne: Man „sieht" sich!

Weitere Titel von Jochen Jülicher

Es wird alles wieder gut, aber nie mehr wie vorher
Begleitung in der Trauer
11. Auflage
109 Seiten. Broschur

ISBN 978-3-429-02081-1

Das Buch erhalten Sie in Ihrer Buchhandlung.

Solange ihr mich liebt
Texte und Gedichte zum Abschied
9. Auflage
80 Seiten. Broschur

ISBN 978-3-429-02671-4

Das Buch erhalten Sie in Ihrer Buchhandlung.

Midlife
Ich lerne wieder neu zu leben
152 Seiten. Broschur

ISBN 978-3-42903430-6

Das Buch erhalten Sie in Ihrer Buchhandlung.

echter verlag
www.echter.de